U0891528

WO DE KETANG HUODONG
SHEJI BIJI

国际汉语教师自主发展丛书

我的课堂活动设计笔记

话题功能篇

主　编　丁安琪

编　者　梁　宇　王　群　刘芳芳

高等教育出版社·北京
HIGHER EDUCATION PRESS　BEIJING

图书在版编目（CIP）数据

我的课堂活动设计笔记．话题功能篇 / 丁安琪主编．
-- 北京 ：高等教育出版社，2012.6（2024.4重印）
（国际汉语教师自主发展丛书）
ISBN 978-7-04-025152-4

Ⅰ．①我… Ⅱ．①丁… Ⅲ．①汉语－对外汉语教学－课堂教学－课程设计 Ⅳ．①H195.3

中国版本图书馆CIP数据核字(2011)第109189号

策划编辑 梁 宇　　责任编辑 王 群　　封面设计 彩奇风　　版式设计 刘 艳
责任绘图 彩奇风　　插图选配 吴剑菁 王 群　　责任校对 王 群　　责任印制 赵义民

出版发行 高等教育出版社
社　　址 北京市西城区德外大街4号
邮政编码 100120
印　　刷 北京中科印刷有限公司
开　　本 889mm×1194mm 1/16
印　　张 18.5
字　　数 327千字
购书热线 010–58581118
咨询电话 400–810–0598
网　　址 http://www.hep.com.cn
　　　　 http://www.chinesexp.com.cn
网上订购 http://www.landraco.com
　　　　 http://www.landraco.com.cn
版　　次 2012 年6月第 1 版
印　　次 2024 年4月第 4 次印刷

物 料 号 25152-00

ISBN 978-7-04-025152-4
07200

前 言

作为教师，我们常常会在自己的课堂上组织各种各样的教学活动，这些活动大部分是围绕着我们所使用的教材设计的。但在很多情况下，我们也会发现，除了教材所提供的资源外，还需要补充一些课外的资源来丰富自己的课堂教学。作为一直奋斗在教学一线的国际汉语教师和汉语教材的编写者，我们深深知道教学活动材料设计的困难。这些困难可能会是由于理论水平的不足造成的，但更多的是受到了时间、精力、条件等诸多方面因素的制约。没有资源，没有方便的资料，我们常常慨叹“巧妇难为无米之炊”，盼望着能找到一些不用修改或者稍加修改就能运用于自己课堂的实用、方便的教学资源，更盼望着能找到在解决自己课堂教学问题的同时，能帮助自己提升专业发展的学习素材。

本系列丛书正是基于“为课堂教学提供资源，为教师发展提供帮助”的思考而编写的。

这本书为谁而写?

如果您是一位经验丰富的国际汉语教师，想寻找一些课堂活动资源，使自己的课堂互动性与趣味性更强，这本书非常适合您，它为您提供了丰富的课堂活动设计案例，还提供了可以复印直接在课堂上使用的活动页。

如果您是一位刚入职不久的汉语教师，想学习如何设计课堂活动，提高自己的教学能力，这本书也非常适合您，它在课堂活动设计案例的基础上，提出了一系列的问题，带领您一起思考如何设计课堂教学活动。

如果您是一位没有经验，但对国际汉语教学感兴趣的老师，那么恭喜您，跟随本书的设计一步步做下来，您会很快熟悉汉语教学课堂活动设计的步骤与方法，同时拥有了属于自己的活动设计方案集，可以为您将来的教学做好充分的准备。

这本书的编写理念是什么?

自主发展是教师不断改变原有的知识、观念，吸纳新的知识、观念，提高自己能力的过程，是教师专业成长的一个重要途径。2007年国家汉办推出的《国际汉语教师标准》明确提出“教师应具备自我发展的意识，能制定长期和短期的专业发展目标”（标准10.2）[1]。但目前我们见到的能帮助教师自主发展的资料并不多。因此本书的定位不仅仅是为教师提供现成的教学资源，更是通过对这些教学资源的分析，帮助教师实现课堂教学活动设计方面的自我提升。为此，我们在编写中始终遵循着如下理念：

1. 以问题为导向

本书整体的编排是以话题为纲的。在每一个话题中，我们都首先设计了一系列问题，引导读者对后面要介绍的一些活动先进行思考，建议大家带着问题去翻看后面给出的活动设计实例。在实例中，我们也穿插了一系列跟设计相关的问题，提醒大家在活动设计中需要注意思考的事项，同时每个活动设计实例后面，也列出了一系列小问题，引导读者对整个活动设计实例进行思考，归纳总结该活动设计所关注的语言点、语言技能、活动设计方式等。我们试图通过这种以问题为导向的编写方式，为读者探索课堂活动设计提供一个顺藤摸瓜的框架，从而帮助读者对所阅读的能有更深刻的理解，并能将其运用于自己的教学。

2. 发现式学习理念

所谓发现式学习，就是通过学习者的独立学习，独立思考，自行发现知识，掌握原则原理。在发现式学习中，学生要亲自参与到所学知识的体系建构中去，自己去思考，自己去发现知识。布鲁纳认为，只有学生自己亲自发现的知识才是真正属于他自己的东西，学习的目标不是要记住教师和教科书所陈述的内容，而是要培养学生发现知识的能力，使其可以独立前行。本书在提倡教师应该自主发展教学能力时，融入了发现式学习的理念，希望读者在阅读本书的时候，能够通过自己的独立思考，自行发现课堂活动设计的原则，找到打开独立设计课堂活动大门的“钥匙”。

3. 引导型设计模式

在语言教学中，有3P教学模式，通过展示、练习与应用使学生一步步掌握所学语言知识。在本书的编写中，我们尝试将3P教学模式转换为引导型设计模式，带领读者一步步掌握课堂活动设计方法。我们以问题引导读者阅读思考课堂活动设计实例，通过请读者根据自己的教学实践改编该课堂活动，达到练习设计课堂活动的目的，并进而通过若干个相同话题范围内不同的设计实例的练习，最终达到使读者可以独立设计该话题中相关课堂活动的目的。

---

① 国家汉语国际推广领导小组办公室 编. 国际汉语教师标准［M］. 北京：外语教学与研究出版社，2007。（第64页，第10.2）

什么是课堂活动设计？

对于汉语课来说，所谓的课堂活动设计，就是设计和组织汉语课堂活动，根据教学内容设计语言交际场合及情景，组织并引导学生参加语言交际，在活动中让学生学会课堂上所教的语言，并会用汉语进行交际。而对于汉语国际推广形势下的汉语课堂活动设计来说，除了上述内容外，还应该增加能帮助学生体验中国文化的一些活动设计。崔永华教授认为课堂教学活动应当兼具学习活动、真实活动、小组活动和趣味活动的性质[①]。好的课堂活动可以提高课堂活动的趣味性，增强学生的学习动机，甚至可以增进师生间的相互信任，帮助教师获取更加真实有效的学习反馈。

课堂活动设计有哪些环节？

设计课堂活动大体可以分为四个环节：

1. **明确目标**。考虑一下你为什么要组织这个课堂活动？是要练习语音、词汇、语法、汉字，还是要进行听力、口语、阅读、写作的技能训练？或者是让学习者体验中国文化？确立活动目标时，我们可以从上述的角度来考虑，也可以从话题功能的角度来考虑，如让学生掌握关于购物的各种说法等。

2. **设计步骤**。一个精心设计的课堂活动要有清晰的操作步骤，学生知道如何在教师的指导下一步一步完成活动任务。一个有效的课堂活动步骤一般不能太多，太复杂，如果你设计的活动需要超过七八个步骤才能说明白，请认真考虑该活动是否真正适合你的课堂教学需要。

3. **准备资源**。对活动的资源准备包括物质的准备，如活动需要用到的图片、剪刀、胶棒等等，也包括对活动的语言准备，即这一活动需要学生用到的语言形式。我们要在活动开始前对这一内容予以充分考虑，比如学生要完成该任务，需要用到哪些词语？我们要练习的语法句型学生是否已经掌握？这跟物质准备一样，是活动能顺利进行的重要保障。

4. **拓展活动**。有些活动在课堂上进行后，还可以在课下通过另一种形式进一步使学生掌握活动练习的语言内容及相关知识。有些活动可以通过拓展，转换成另一个相关的活动。

本书中对课堂活动实例的介绍，基本也是遵循这样的顺序进行的。

课堂活动的组织形式有哪些？

根据参加人数的多少，课堂活动的组织形式可以分为：全班活动、小组活动、双人活动和单人

① 崔永华. 什么是好的语言课堂活动［J］. 海外华文教育，2008（2）。

活动几种不同的类型。

全班活动指的是一个班级共同参与的活动；小组活动指三人或多人参与的活动；双人活动是指由两个人结成对子进行的活动；单人活动是指一个人可以进行的活动，如查词典等。

不管是哪种组织形式，都会受教室布置方式的影响。如果你的教室布局不合适，你和学生都动不了，那么活动很可能会以失败告终。

1. **全班活动**

做全班活动时，可以让学生围成O型（如图1），也可以让学生围成U型（如图2），还可以保持传统的做法，一人在前面，其他人坐成排，面向前面的人（如图3）。围成O型或U型的布局方式，优点是学生之间彼此都能看到其他人，教师也可以跟任何一名学生直接面对面。传统的布局方法适用于由1人提出问题，其他人回答的活动方式。

图1

图2

图3

如果是辩论赛之类的活动，最好将全班分为两部分，分左右坐，如图4所示。

图4

图5

2. **小组活动**

小组活动通常是由3–6人组成的。这种活动形式能使活动的气氛更活跃，学生的参与度更大，易于鼓励能力稍差的学生也参与到活动中来。通常小组会聚集在一起，小组与小组之间会相对独立（如图5）。在实际的操作中，小组组员之间也可以互换，如每组中的1号重新组成新的组，每组中的2号重新组成新的组，那么图5的小组布局就可以演变成图6所示的小组布局。

当小组活动与全班活动结合在一起举行时，可以选择将图5的形式与图2的形式相结合，这样分小组合作学习，又可以随时组织成全班活动，如图7所示：

图6

图7

3. **双人活动**

双人活动是最常见的活动组织形式，由于基本操作比较简单，而且互动性比较强，往往在课堂教学中受到教师青睐。

Nick Bilbrough 在《如何组织课堂会话活动》中，将双人活动细分为若干不同的类型：

· 封闭对——全班同学分别按座位成对操练，互不干扰（如图8）。

· 开放对——各对轮流站起来操练，其他同学听后评论（如图9）。

· 背靠背对——两人不是面对面，而是互相看不见，背靠背。

· 对面排立对——两对学生面对面站立，其中一队队首换至队尾，与不同学生操练（如图10）。

· 并向圈对——学生站在内外两个圆圈，面对面对话后，分别按顺时针和逆时针方向移步，转为与另外的同学组成新的双人组操练（如图10）。

· 随意组合对——学生站起来自己随意选对操练。

· 退远对——相对而立，边说话边退，直至要大声喊叫。

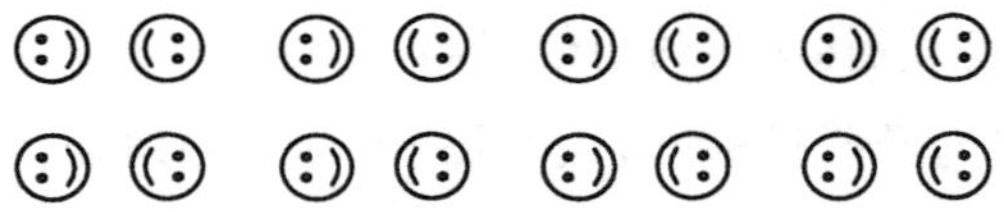

图8

图9

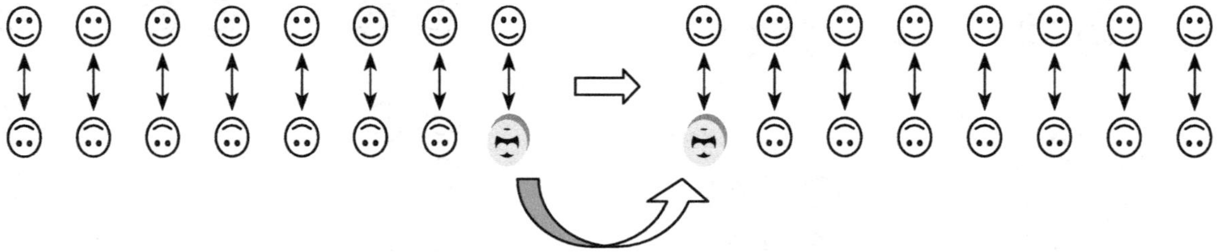

图10

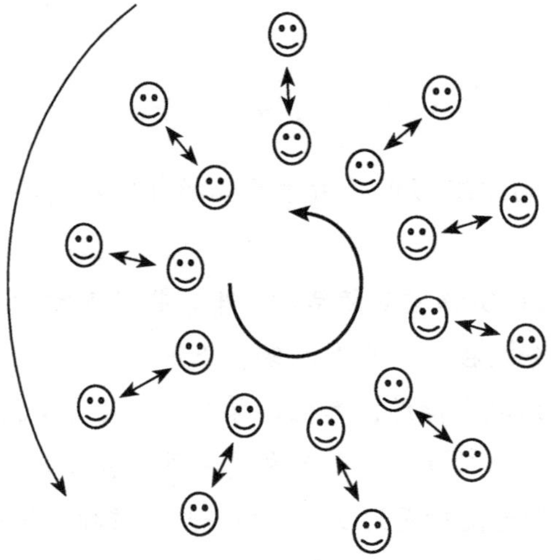

图11

上面这些活动组织方式都是举例性质的，教师完全可以根据自己的实际需求，自己设计自己班的活动组织方式，比如把所有座椅都靠墙摆放以给学生足够的空间在班内走动等等。我们在考虑要如何设计组织方式时，需要考虑这样几个问题：

(1) 您能否看得到所有的学生？

(2) 您能否轻易地在班内到处走动以监督学生？

(3) 学生能否看到教师、黑/白板并能看到彼此？

(4) 学生能否轻易站起来并到处移动？

如何评判课堂活动设计的有效性？

设计各种课堂活动，最终的目的是帮助我们提高教学效果，帮助学生更好地提高汉语水平。因此教学活动设计的有效性是我们对课堂活动好坏评价的重要指标。通常我们可以从如下几个方面来对自己设计的课堂活动有效性进行评价：

1. **活动目标是否明确**。课堂活动可以提高课堂趣味性，但教师不能只注重选择学生感兴趣的活动，而忽视了汉语教学的本质性问题：设计此活动到底要达到什么目的？通过此活动要培养学生什么能力？如果活动内容与教学内容几乎无关，无法帮助学生提高能力，那么该活动的设计则是无效的。

2. **活动内容是否有意义**。好的课堂活动是根据所讲授的知识和技能而选择的，每项活动内容都要围绕所讲的功能、话题展开，而不能仅仅是结构、词汇的练习，要尽量为学生创设有意义的活动情景，使学生能在教师创设的语境中运用汉语，使活动的内容意义化。只有这样才能提高学生的语言运用能力，帮助学生真正掌握汉语。

3. **活动形式是否多样**。趣味性再强的活动，如果反复使用，学生也会失去兴趣，进而影响其活动参与的积极性。因此在课堂教学中，教师要了解和掌握不同形式的活动，经常变化活动形式，激发学生的学习兴趣，提高其学习积极性。

4. **活动参与是否广泛**。有效的课堂活动应该能使学生积极、广泛地参与。这就要求教师在设计和实施活动时充分考虑学生的经验、学生的生活、学生的水平、学生的兴趣等等，把活动的过程变成学生自己解决问题，发现规则与规律的过程。

5. **活动指令是否简洁**。教师的活动指令准确、清晰、简洁，可以提高课堂的有效性，使课堂教学时间得到更充分的利用。

6. **活动时间是否合理**。教师在设计和实施每项活动时，要充分考虑活动所花费的时间和如何在有限的时间内达到教学目标。要使时间安排更合理，教师就必须控制活动的节奏，精炼教学的语言等。

这本书的特色是什么？

1. **内容话题化**。目前市面上可以见到一些关于汉语教学活动设计的书，大多数是从语素教学的角度进行的分类，强调的是对语言项目的练习。本书采取了以话题为纲的编排方式，全书22个话题完全配合《国际汉语教学通用课程大纲》的划分方法，使读者在阅读本书的同时，也了解《课程大纲》中对汉语教学话题的相关规定。

2. **实例多样化**。本书为读者提供了丰富的课堂活动设计实例，全书共包含90个从语言、文化等多个角度对相关话题进行练习的案例，同时为读者提供了与这些活动实例相关的活动页，使使用者可以在不需要做过多修改的情况下就可以直接在课堂上使用这些教学资源。

3. **阅读自主化**。本书的每个活动都是以问题为导向，完全尊重读者自主学习的设计。很多问题并没有标准答案，只是提供给读者一种思考的角度，读者可以根据自己的实际情况，对这些问题提出自己独到的见解。并将之运用于自己的课堂活动设计，实现学习的自主化。

4. **设计个性化**。本书的目的并不仅仅是为读者提供一定数量的实例供课堂使用，在“授人以鱼”的同时，我们也希望做到“授人以渔”，读者可以在书中所设计问题的引导下，设计属于自己的课堂活动。如果每个活动读者都可以按照编者提供的问题一步一步做下来，那么最终您将拥有一本属于自己的、具有个性化的、独一无二的课堂活动设计笔记。它比我们提供的活动实例更适合您的教学风格，因而也会使您的课堂教学更有效。

“应该如何使用本书？”

作为本书的读者，您可以个性化地使用本书。这意味着：

1. 您可以直接使用书中的活动设计及其复印页。

2. 您可以对本书的活动实例进行微调，使其更适合您的教学对象的年龄、语言水平、学习风格等。

3. 您可以参考本书的活动实例，设计崭新的课堂活动，同时将该活动记录在本书内，以便今后再次使用。

本书是您个性化的课堂活动设计笔记，您可以将自己在阅读中的各种灵感随时记录在本书中，积少成多、集腋成裘，当您在本书中记满您的各种设计方案或者设计思路时，本书将成为您上课时不可或缺的好帮手。

感谢

本书的雏形源于主编与刘芳芳老师在北京外国语大学中文学院申请的一个院级课题“对外汉语课堂活动设计”，希望通过该项目，为汉语国际教育专业硕士，或者教学经验欠丰富的新手教师准备课堂活动提供一些参考资料。刘芳芳老师带领学院的很多研究生参与了本书的原始素材的整理，他们是：景黎黎、陈鑫、卢小燕、林强、李怡、王凡、刘慧、孙琳、代丽、张君莉、赵文娟、魏瑞莉、向征、刘虹艳、陆恬、沈含娇、仝婷婷。感谢他们为本书付出的辛苦劳动。

感谢国家汉办师资处的赵燕清处长、教材处的彭增安处长、张彤辉处长，在阅读完本书雏形材料《对外汉语课堂活动设计400例》后给予的高度评价。正是由于他们的鼓励和支持，才促成本书最终付梓。

感谢高等教育出版社的各位编辑，他们为本书的编写提供了大量宝贵的意见和建议，使本书与其雏形书稿之间有了脱胎换骨的变化。

丁安琪

2012年5月27日

使用说明

您可以看到《国际汉语教学通用课程大纲》所列的话题内容。

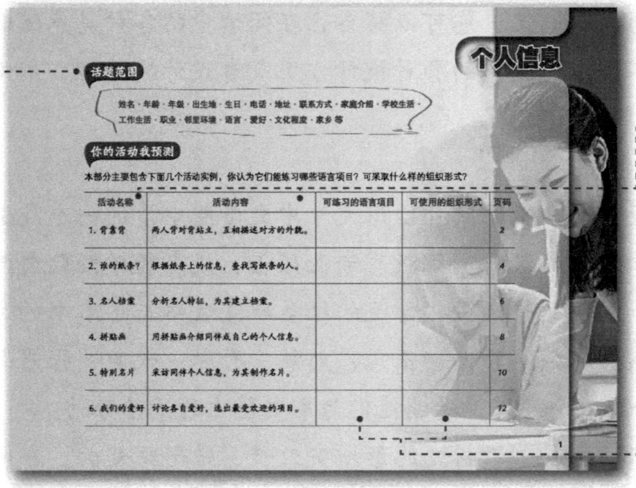

您可以提前预览本话题的活动实例。

您可以根据活动名称和主要内容介绍预测可练习的语言项目和可使用的组织形式。注意：认真填写这一内容，可以帮您加深对活动实例的理解，客观评价活动实例对您课堂教学的适用性。

说明活动准备，包括语言准备（话题、参考词汇、句型等）、教具材料的准备数量、方法、步骤等。

您可以将自己对本活动的目的从不同的角度进行抽象概括。

明确活动预期达到的训练目标。

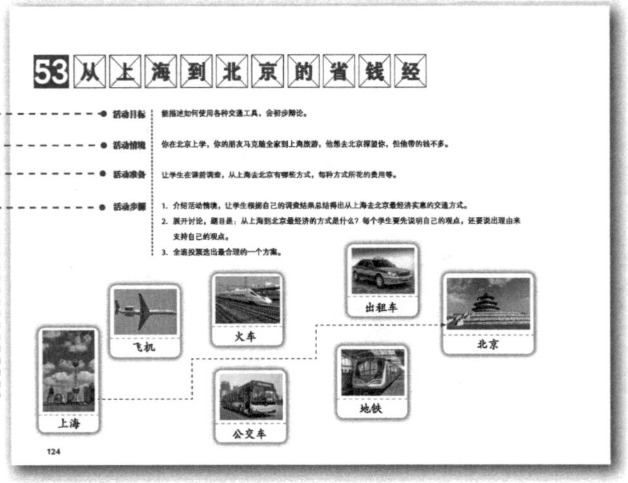

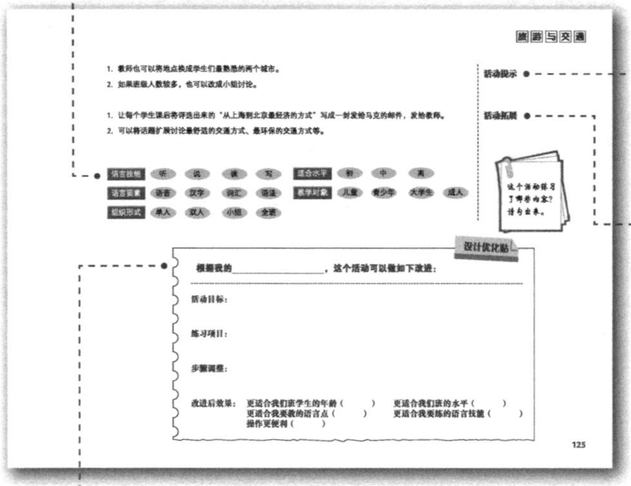

提示注意事项。

给出活动扩展参考方案。

图文并茂地详述活动步骤。

设立活动模拟情境，以便学生更好地完成活动任务。

请您根据自己的实际情况，对上面的活动实例进行修改。这将使您拥有更实用的活动设计方案。

还记得《国际汉语教学通用课程大纲》所列的这些话题内容吗？还有很多我们的活动实例没涉及的呢。您有没有关于这些内容的新设计、新想法？

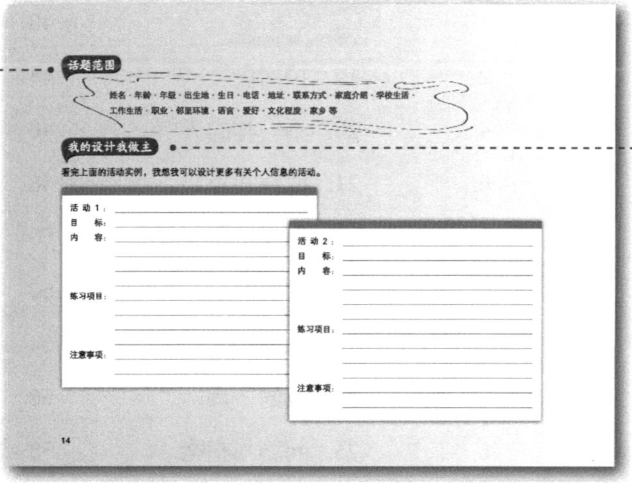

如果您有新的创意，请在这里写下来吧？它会使这本《我的课堂活动设计笔记》成为世界上独一无二的、专属于您个人的活动案例集。

您可以把丰富实用的活动页复印下来在活动中使用。

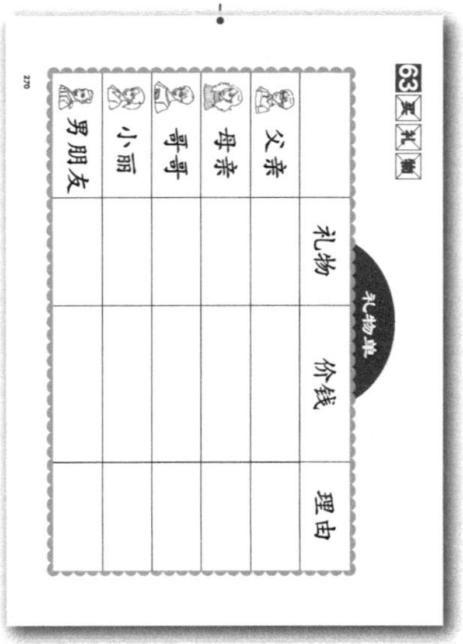

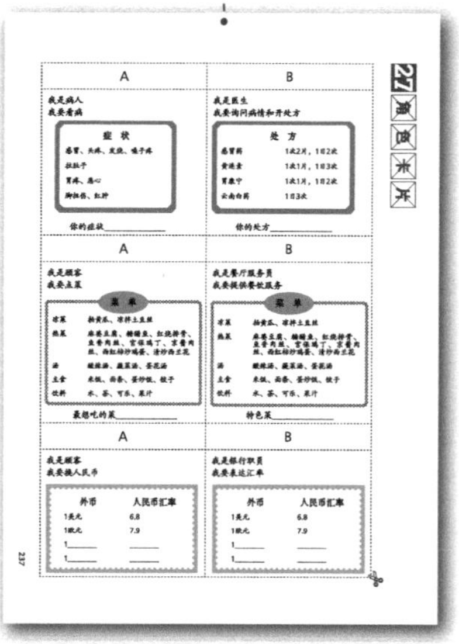

目录

个人信息

话题范围

姓名 · 年龄 · 年级 · 出生地 · 生日 · 电话 · 地址 · 联系方式 · 家庭介绍 · 学校生活 · 工作生活 · 职业 · 邻里环境 · 语言 · 爱好 · 文化程度 · 家乡 等

你的活动我预测

本部分主要包含下面几个活动实例，你认为它们能练习哪些语言项目？可采取什么样的组织形式？

活动名称	活动内容	可练习的语言项目	可使用的组织形式	页码
1. 背靠背	两人背对背站立，互相描述对方的外貌。			2
2. 谁的纸条？	根据纸条上的信息，查找写纸条的人。			4
3. 名人档案	分析名人特征，为其建立档案。			6
4. 拼贴画	用拼贴画介绍同伴或自己的个人信息。			8
5. 特别名片	采访同伴个人信息，为其制作名片。			10
6. 我们的爱好	讨论各自爱好，选出最受欢迎的项目。			12

1 背靠背

活动目标　能正确描述人的外表，如身体特征、衣服等，培养仔细观察他人的能力。

活动准备　复习相关词汇。

> 想想看，这些词语可分为哪几类？还有哪些词语可用？哪些句型需要准备？

女	男	大	小	漂亮	帅	高	矮	胖	瘦	长　短
眉毛	鼻子	眼睛	头发	嘴	耳朵	头	眼镜	衬衫	裙子	牛仔裤
鞋	T恤	黑色	蓝色	条纹	戴	穿				

活动步骤

1. 学生两人一组，要求仔细观察同伴2分钟。
2. 两人背靠背站好，从而不能再看到自己的同伴。然后轮流根据记忆尽可能详细地描述同伴。
3. 告诉学生，在别人描述你时，你可以给出反馈，或者要求对方给出更详尽的描述。

   例如：A：你穿裙子。B：对，什么颜色？
4. 两人都说完后，转过来面对面，看看各自描述的准确性。
5. 如果有时间，可以让学生交换同伴，重复活动。

语言技能	听	说	读	写
语言要素	语音	汉字	词汇	语法
组织形式	单人	双人	小组	全班
适合水平	初	中	高	
教学对象	儿童	青少年	大学生	成人

这个活动练习了哪些内容？请勾出来。

设计优化贴

根据我的＿＿＿＿＿＿＿＿＿＿，这个活动可以做如下改进：

活动目标：

练习项目：

步骤调整：

改进后效果： 更适合我们班学生的年龄（　　）　更适合我们班的水平（　　）
更适合我要教的语言点（　　）　更适合我要练的语言技能（　　）
操作更便利（　　）

2 谁的纸条？

活动目标 能够正确询问、介绍个人爱好和特长。

活动准备

1. 教师准备一些纸条，至少保证每人一张以便学生在上面写出自己的信息。
2. 复习相关句型。

我喜欢……	我爱……	我会……
我最喜欢……	我可以……	我特别喜欢……
你喜欢……吗？	我……得不错……	你会……吗？
我……很拿手。	你可以……吗？	

想想看，哪些词语可用？哪些句型还需要准备？

活动步骤

1. 每个学生在纸上用“我喜欢……”，“我会/可以……”等写出自己的喜好和专长，不要署名。
2. 教师将纸条收上来，打乱次序，再任意发回给学生，要保证学生拿到的不是自己写的纸条。
3. 学生根据所得纸条上的信息，用“你喜欢……吗？你会/可以……吗？”询问他人，找出是谁写的纸条。

我喜欢唱歌。

我会中国功夫。

我可以用汉语写邮件。

活动提示

1. 初级学习者可以用拼音代替不会写的汉字。
2. 可以组织学生比赛，看谁最先找到写纸条的人。

活动拓展 活动结束后可以让几个学生向全班介绍他们所得纸条的主人的情况。

语言技能	听	说	读	写
语言要素	语音	汉字	词汇	语法
组织形式	单人	双人	小组	全班
适合水平	初	中	高	
教学对象	儿童	青少年	大学生	成人

这个活动练习了哪些内容？请勾出来。

设计优化贴

根据我的________________，这个活动可以做如下改进：

活动目标：

练习项目：

步骤调整：

改进后效果： 更适合我们班学生的年龄（　　） 更适合我们班的水平（　　）
更适合我要教的语言点（　　） 更适合我要练的语言技能（　　）
操作更便利（　　）

3 名人档案

活动目标

能正确描述人物特征，掌握表示思考、同意和不同意的表达方式，以及不同的提问方式。

活动准备

1. 准备一套名人的照片或图片，要保证每组一张，各不相同。照片最好选择当地或世界著名人物、文体明星、政界要人等学生熟悉的名人。
2. 复印活动页 第218页 的表格。 复印份数＝班级学生数/4

活动步骤

1. 学生4人一组，教师发给每组一张名人图片。然后给15分钟时间，让学生们讨论他们拿到的图片。提醒学生讨论时要着重讨论表格中的几个方面。每组选一个人负责记录。
2. 当每组讨论完表格中的问题后，和另外一组交换图片，这次每组只有5分钟的时间分析新的图片，还是按照表格中所列的几个方面分析。
3. 两个相互交换图片的小组交换意见，比较他们对两张图片理解的异同。
4. 这两个组再从刚才使用的两张图片中选出一张，所有成员要统一对图片中人物的解释，然后再考虑这个人在真实生活中最有代表性的语言。
5. 合并在一起的两个小组选出一个代表，把选出的名人图片展示给全班同学，然后用恰当的语调和语气说出他们认为最能代表这个人物个性的几句话。班里的其他同学可以向进行表演的小组提问题，注意表演小组的成员在回答时始终都要以选定的名人的语气回答。

如果把名人换成学生身边熟悉的人，如本班的老师和同学，效果会怎样？

通常采用最初拿到这张图片的组给出的解释。

活动提示

1. 从小组内的人物描述到全班表演是活动的关键的环节。
2. 教师要提醒学生，大多数人会选用一些非常能代表自己个性的语言表达方式。
   例如：“你知道，你不能相信任何人。”“对，对，事情就是这样。”

活动拓展

学生可以用这些名人图片搞一次展览，配上有简单文字描述的“名人档案”，并列出他们认为这个人物最有代表性的话。

这个活动练习了哪些内容？请勾出来。

语言技能	听	说	读	写	适合水平	初	中	高	
语言要素	语音	汉字	词汇	语法	教学对象	儿童	青少年	大学生	成人
组织形式	单人	双人	小组	全班					

设计优化贴

根据我的________________，这个活动可以做如下改进：

活动目标：

练习项目：

步骤调整：

改进后效果： 更适合我们班学生的年龄（　　）　更适合我们班的水平（　　）
更适合我要教的语言点（　　）　更适合我要练的语言技能（　　）
操作更便利（　　）

4 拼贴画

活动目标　能够流利地描述他人和本人的个人信息、经历等，可以正确使用询问、回答的表达方式。

活动准备　彩纸、剪刀、胶水、彩色笔、学生自己的照片、实物（如明信片、手工作品）等。

活动步骤

1. 发给每个学生一张彩纸，让学生用手中的材料制作一幅有关个人信息的拼贴画。
2. 拼贴画做好后，学生两人一组，研究一下同伴拼贴画的内容，并为同伴写一份简介。
3. 每个学生向全班介绍自己的同伴，同时展示同伴的拼贴画。
4. 其他学生可以针对介绍和拼贴画提出问题，这些问题可以由介绍的学生或拼贴画的作者来回答。

这个活动适合哪个年龄段的学习者？

活动提示

1. 本活动更适合在一个新组成的班级使用。
2. 拼贴画的制作也可以让学生在课下进行。
3. 教师可以事先做一张自己的拼贴画，在课上展示给学生。

活动拓展　可以用学生的个人拼贴画来布置教室，而且每幅拼贴画要配上学生的自我介绍。

语言技能	听	说	读	写
语言要素	语音	汉字	词汇	语法
组织形式	单人	双人	小组	全班
适合水平	初	中	高	
教学对象	儿童	青少年	大学生	成人

这个活动练习了哪些内容？请勾出来。

设计优化贴

根据我的＿＿＿＿＿＿＿＿＿＿，这个活动可以做如下改进：

活动目标：

练习项目：

步骤调整：

改进后效果： 更适合我们班学生的年龄（　　）　更适合我们班的水平（　　）
更适合我要教的语言点（　　）　更适合我要练的语言技能（　　）
操作更便利（　　）

5 特别名片

活动目标　能有条理、有重点地介绍人物。

活动准备

1. 复印活动页 第219页 的名片模板。　复印份数＝班级学生数/2
2. 可以准备彩笔、剪刀。

活动步骤

1. 学生两人一组，发给每组一页名片模板，让学生根据个人喜爱选择并裁剪下来。
2. 小组内两人互相采访，获得尽可能多的信息。
3. 每个学生根据所获信息为同伴制作名片，注意正面只写名字，背面写上主要信息。
4. 教师收集学生制作的名片，只展示背面的信息，请大家猜名字。

> 你准备怎么给学生分配双人小组？为什么？

活动提示　学生可根据需要自行添加或删减信息，也可以绘制各种图案修饰名片。

活动拓展　让学生课后写一篇“自我介绍”，要求字数不少于100字。

正面

背面

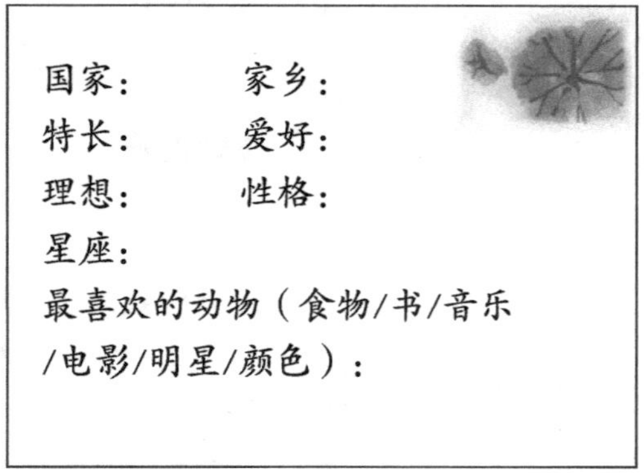

语言技能	听	说	读	写
语言要素	语音	汉字	词汇	语法
组织形式	单人	双人	小组	全班
适合水平	初	中	高	
教学对象	儿童	青少年	大学生	成人

这个活动练习了哪些内容？请勾出来。

设计优化贴

根据我的＿＿＿＿＿＿＿＿＿＿，这个活动可以做如下改进：

活动目标：

练习项目：

步骤调整：

改进后效果： 更适合我们班学生的年龄（　　　）　更适合我们班的水平（　　　）
更适合我要教的语言点（　　　）　更适合我要练的语言技能（　　　）
操作更便利（　　　）

6 我们的爱好

活动目标

正确询问他人的个人爱好，并正确回答自己的爱好。

活动准备

1. 复印活动页 第220页 的表格。 复印份数=1
2. 活动页 第289页 的小灯笼不干贴。
3. 黑/白板、磁贴。

活动步骤

1. 教师在黑/白板上列出5—6个不同爱好，如图所示，也可以根据学生情况写有关食品、色彩、歌手、学习科目等名称。
2. 每名学生按自己的喜好程度排序，书写在自己的本子上。写完的同学可与邻座相互比较，并讨论彼此的爱好。告诉同伴为什么这样排序，说说你的理由。
3. 全班都做完排序后，进行全体投票，选出最受欢迎的项目。
4. 集体制作一份名为“我们的爱好”的调查结果表，按照讨论过的领域分类，一个小灯笼代表一张选票，看看哪个项目获得的票数最多，最后把结果表贴在教室的墙上展示。

请尽量多地列出适合用于此活动的内容。

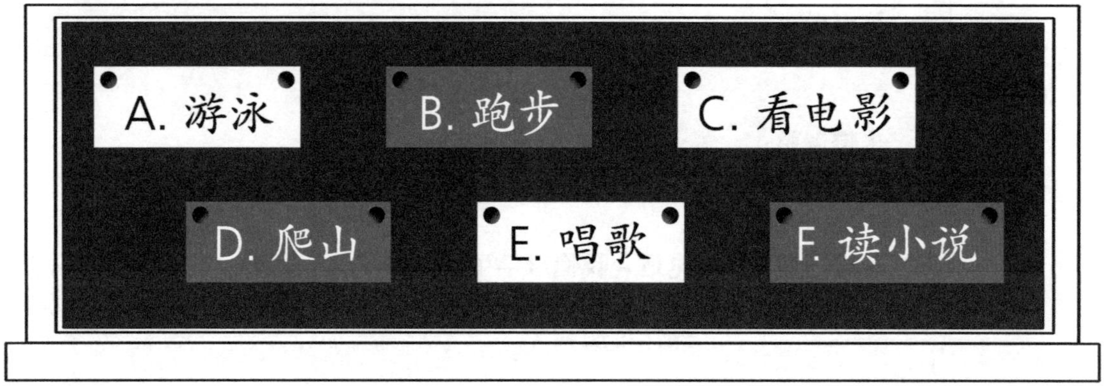

活动提示

如果时间充裕，还可以就不同的爱好展开讨论，看看大家都有哪些其他共同爱好。

活动拓展

可以让学生向朋友或家人介绍自己的班级，就全班同学的爱好发表一篇演讲。

语言技能	听	说	读	写	适合水平	初	中	高	
语言要素	语音	汉字	词汇	语法	教学对象	儿童	青少年	大学生	成人
组织形式	单人	双人	小组	全班					

这个活动练习了哪些内容？请勾出来。

设计优化贴

根据我的________________，这个活动可以做如下改进：

活动目标：

练习项目：

步骤调整：

改进后效果： 更适合我们班学生的年龄（　　） 更适合我们班的水平（　　）
更适合我要教的语言点（　　） 更适合我要练的语言技能（　　）
操作更便利（　　）

话题范围

姓名 · 年龄 · 年级 · 出生地 · 生日 · 电话 · 地址 · 联系方式 · 家庭介绍 · 学校生活 · 工作生活 · 职业 · 邻里环境 · 语言 · 爱好 · 文化程度 · 家乡 等

我的设计我做主

看完上面的活动实例，我想我可以设计更多有关个人信息的活动。

活 动 1：________________

目　　标：________________

内　　容：________________

____

____

____

练习项目：________________

____

____

____

注意事项：________________

____

活 动 2：________________

目　　标：________________

内　　容：________________

____

____

____

练习项目：________________

____

____

____

注意事项：________________

____

情感与态度

话题范围

喜欢 · 不喜欢 · 高兴 · 不高兴 · 同意 · 不同意 · 满意 · 不满意 · 能够 · 不能够 · 可能 · 不可能 · 表扬 · 鼓励 · 感谢 · 遗憾 · 反感 · 抵触 · 焦虑 · 幽默 · 信任 · 怀疑 · 惊奇 · 忧伤 · 同情 · 害怕 · 担心 · 生气 · 抱怨 等

你的活动我预测

本部分主要包含下面几个活动实例，你认为它们能练习哪些语言项目？可采取什么样的组织形式？

活动名称	活动内容	可练习的语言项目	可使用的组织形式	页码
7. 情绪图片	讨论图片内容，描述图片人物的不同情绪。			16
8. 喜欢的季节	利用调查表，调查同学们对季节的喜好。			18
9. 寻找相同点	写出对某个话题的态度，寻找态度相同的同伴。			20
10. 困境	为图片中身处困境的人们提出解决办法。			22
11. 正方反方	针对某个有争议的话题，谈各自的态度及理由。			24
12. 极地求生	根据情境，为清单上的物品排序，并说明其重要性。			26

7 情绪图片

活动目标

能顺利地交流和表达个人情绪。

活动准备

1. 复印活动页 第221页 的图片，按虚线裁剪下来，每组一张图片。
2. 教师也可以根据班级情况准备其他合适的图片。
3. 复习相关词汇。

喜欢　高兴　表扬　感谢　鼓励　遗憾　反感　抵触　焦虑
幽默　信任　怀疑　忧伤　同情　害怕　担心　生气　抱怨

你能按照难度级别把这些词汇分类吗?

活动步骤

1. 学生4人一组，每组一张图片，各组的图片各不相同。给学生10分钟时间，详细讨论图片，特别是图片里每个人都是什么情绪。
2. 当确定图片里表现的是什么场景和每个人物的情绪时，各组根据图片编演一幕短剧。剧中要有4个人物，每人扮演一个人物。表演前，小组里要讨论这些人物都是谁，他们对彼此是什么样的情绪，他们都说了些什么，发生了什么事情。
3. 每组给另外一组或是全班表演他们的短剧。表演完后，可以互相提问并进行讨论。

活动提示

1. 教师要注意控制活动时间。
2. 教师要及时帮助学生解决问题。
3. 教师可以灵活处理分组人数。

语言技能	听	说	读	写
语言要素	语音	汉字	词汇	语法
组织形式	单人	双人	小组	全班
适合水平	初	中	高	
教学对象	儿童	青少年	大学生	成人

这个活动练习了哪些内容？请勾出来。

设计优化贴

根据我的________________，这个活动可以做如下改进：

活动目标：

练习项目：

步骤调整：

改进后效果： 更适合我们班学生的年龄（　　） 更适合我们班的水平（　　）
更适合我要教的语言点（　　） 更适合我要练的语言技能（　　）
操作更便利（　　）

8 喜欢的季节

活动目标

能够描述季节特征，并表达对事物的喜欢或不喜欢，说明其原因。

活动准备

1. 复印活动页 第222页 的“季节调查表”。 **复印份数=4**
2. 复习与季节相关的词汇和句型。

春天	夏天	秋天	冬天	气候
潮湿	干燥	暖和	热	冷
凉快	刮风	旱季	雨季	温度
气温	摄氏度	升高	降低	

你最喜欢什么季节？为什么？
……的冬天怎么样？
我最喜欢……，因为……
你呢？

请把这些词按春、夏、秋、冬分成四个主题，并根据你所教授班级的实际情况补充尽量多的其他词语和句型。

活动步骤

1. 将学生分成4组，发给每组一张“季节调查表”。
2. 让学生根据调查表进行小组内调查。注意，每个人在说自己喜欢的季节时要说明理由，并简单记录在调查表中。
3. 每组选一个代表向全班口头汇报本组的调查结果。

活动提示

1. 可以请小组讨论中发言较少的同学做汇报。
2. 可以用同样的方法调查最喜欢的水果、颜色、节日、明星、电影、小说等。
3. 可以根据学生的语言水平调整活动难度。

活动拓展

请学生课后在网上收集关于自己的国家或城市四季变化的情况，可以涉及天气、人们的穿着、植物的生长以及动物的活动等，在下次课上说一说。

语言技能	听	说	读	写
语言要素	语音	汉字	词汇	语法
组织形式	单人	双人	小组	全班
适合水平	初	中	高	
教学对象	儿童	青少年	大学生	成人

这个活动练习了哪些内容？请勾出来。

设计优化贴

根据我的＿＿＿＿＿＿＿＿＿＿，这个活动可以做如下改进：

活动目标：

练习项目：

步骤调整：

改进后效果： 更适合我们班学生的年龄（　　）　更适合我们班的水平（　　）
更适合我要教的语言点（　　）　更适合我要练的语言技能（　　）
操作更便利（　　）

9 寻找相同点

活动目标　能用恰当的方式表达对事物的态度和自己的观点。

活动准备　1. 教师可以参考下面的“建议话题”，也可以根据教学内容自己设定话题。

建议话题

初级	我喜欢的食物	我喜欢的颜色	我喜欢的音乐	我喜欢的歌手
中级	为什么我喜欢运动？	为什么我讨厌抽烟？	为什么我害怕考试？	为什么我选择学习汉语？
高级	我看网络语言	我看跨国婚姻	我看美容整容	我看亚健康

2. 复印活动页 第223页 “话题单”。 **复印份数=班级学生数**

如果学生在本组找不到相似的人，你怎么处理？

活动步骤　1. 学生4—5人一组，发给每个学生一份“活题单”。让每个学生用2—3分钟写下对“话题单”上4件事的态度。

2. 小组内互相传阅，比较自己和别人写下的内容。再和其他组的同学交流一下，学生要特地寻找和自己的回答相似的人，分享自己的观点。

活动提示　建议活动时间为10分钟。在时间允许范围内，学生应该和尽量多的人接触。

语言技能	听	说	读	写
语言要素	语音	汉字	词汇	语法
组织形式	单人	双人	小组	全班
适合水平	初	中	高	
教学对象	儿童	青少年	大学生	成人

这个活动练习了哪些内容？请勾出来。

设计优化贴

根据我的________________，这个活动可以做如下改进：

活动目标：

练习项目：

步骤调整：

改进后效果： 更适合我们班学生的年龄（　　）　更适合我们班的水平（　　）
更适合我要教的语言点（　　）　更适合我要练的语言技能（　　）
操作更便利（　　）

10 困境

活动目标　能提出合理建议，并发表自己的意见和看法。

活动准备

1. 复印活动页 第224页 “困境单”，按虚线裁剪下来。　**复印份数＝1**
2. 复习相关句型。

> 如果我是……，我（不）会……
> 我建议……
> 为了……，我觉得……（不）应该……
> 最好是……

想想看，还有哪些句型可用？

活动步骤

1. 根据全班人数分成3—4组，将4个“困境”分发给各小组，每组一种“困境”。
2. 小组讨论，让学生为身处困境的人们想出尽可能多的解决办法，并且投票将这些建议排序，写在“困境”纸条的背面。
3. 每组选一位代表向全班报告你们遇到的困境和解决办法，其他同学可以提问。

活动提示　教师可以在各种杂志上查找更多的问题及两难处境。

活动拓展　可以组织延展讨论，针对每个困境，如果采用最受欢迎的前3条建议会导致什么样结果。

语言技能	听	说	读	写
语言要素	语音	汉字	词汇	语法
组织形式	单人	双人	小组	全班
适合水平	初	中	高	
教学对象	儿童	青少年	大学生	成人

这个活动练习了哪些内容？请勾出来。

设计优化贴

根据我的________________，这个活动可以做如下改进：

活动目标：

练习项目：

步骤调整：

改进后效果： 更适合我们班学生的年龄（ ） 更适合我们班的水平（ ）
更适合我要教的语言点（ ） 更适合我要练的语言技能（ ）
操作更便利（ ）

11 正方反方

活动目标 能用恰当的语言表达同意或不同意，并说明理由。

活动准备

1. 能够引发争议的问题，比如“运动是有益的吗？”
2. 复习相关句型。

想想看，还有哪些句型可用？

我同意……的看法。	你说的一点儿都没错。	这种说法不对。
我没有意见。	我不同意……	这种观点不正确。
我也是这么想的。		

活动步骤

1. 教师向全班提出一个问题，请同学们举手表示同意与不同意，按照同学们的意见，把全班分成两组，同意的同学站在A组，不同意的同学站在B组。
2. A组中先出一名同学，解释自己同意的理由，例如“多做运动对身体健康有益。”然后B组中的一名同学说明自己为什么不同意这个观点，例如“但是像拳击或者赛车之类的运动是很危险的。”两组的其他同学依次说出自己的观点。
3. 如此你来我往几分钟之后，教师问各位学生，是否有谁想改变自己的观点，换到对立观点的组里。如果有人提出换组，请他/她解释自己改变观点的原因。

教师用语

- 同意“运动是有益的”同学请站左边，不同意“运动是有益的”同学请站右边。
- 有改变主意的同学吗？
- 请问你为什么改变主意了？

语言技能	听	说	读	写
语言要素	语音	汉字	词汇	语法
组织形式	单人	双人	小组	全班
适合水平	初	中	高	
教学对象	儿童	青少年	大学生	成人

这个活动练习了哪些内容？请勾出来。

设计优化贴

根据我的____________________，这个活动可以做如下改进：

活动目标：

练习项目：

步骤调整：

改进后效果： 更适合我们班学生的年龄（　　） 更适合我们班的水平（　　）
更适合我要教的语言点（　　） 更适合我要练的语言技能（　　）
操作更便利（　　）

12 极地求生

活动目标 能用合适的语言表达自己同意 / 不同意的意见。

活动准备 复印活动页 第225页 的“物品清单”。 **复印份数＝班级学生数**

活动情境 告诉学生现在所处情境：“我们正在北极探险，还有100公里才能到达驻地。”

活动步骤

1. 发给每个学生一份物品清单，让他们根据重要性排出顺序并标号。
2. 学生3—4人一组，小组内讨论物品的优先性，说明理由达成一致。
3. 每组将他们讨论的结果与全班分享，其他组可以提出问题，或者进行劝阻。

活动提示

1. 注意控制活动时间，不要超过20分钟。
2. 告诉学生劝阻他人时要有合理的理由。
3. 如果学生对某些物品的使用有理解上的困难，教师可适当给予帮助。
4. 每组向全班说明物品排列顺序，说明排在前面的物品的重要性，排在后面的物品为什么不重要。给出认为更重要的物品，并说明原因。

语言技能	听	说	读	写
语言要素	语音	汉字	词汇	语法
组织形式	单人	双人	小组	全班
适合水平	初	中	高	
教学对象	儿童	青少年	大学生	成人

这个活动练习了哪些内容？请勾出来。

设计优化贴

根据我的＿＿＿＿＿＿＿＿＿＿，这个活动可以做如下改进：

活动目标：

练习项目：

步骤调整：

改进后效果： 更适合我们班学生的年龄（　　　）　更适合我们班的水平（　　　）
更适合我要教的语言点（　　　）　更适合我要练的语言技能（　　　）
操作更便利（　　　）

话题范围

喜欢・不喜欢・高兴・不高兴・同意・不同意・满意・不满意・能够・不能够・可能・不可能・表扬・鼓励・感谢・遗憾・反感・抵触・焦虑・幽默・信任・怀疑・惊奇・忧伤・同情・害怕・担心・生气・抱怨 等

我的设计我做主

看完上面的活动实例，我想我可以设计更多有关情感与态度的活动。

活 动 1：______

目　　标：______

内　　容：______

______

______

______

练习项目：______

______

______

______

注意事项：______

______

活 动 2：______

目　　标：______

内　　容：______

______

______

______

练习项目：______

______

______

______

注意事项：______

______

社会交往

话题范围

打招呼·问候·寒暄·介绍·交换名片·感谢·告别·邀请·拒绝·拜访·请求·建议·通知·允许·帮助·沟通·调解·祝愿与祝贺·聚会·约会·聚餐·打电话·发电子邮件·网络聊天·交际习俗与礼仪·个人空间·人际关系·家庭称谓·社交称谓·社区关系·捐款集资 等

你的活动我预测

本部分主要包含下面几个活动实例，你认为它们能练习哪些语言项目？可采取什么样的组织形式？

活动名称	活动内容	可练习的语言项目	可使用的组织形式	页码
13. 初次相识	全班学生围站两个圈，转圈与每个同学打招呼，介绍你自己。			30
14. 图片故事	根据图片中发生的事件，编一个短剧。			32
15. 猜亲属	用“家庭树”互相猜亲属称谓。			34
16. 照片的故事	通过采访了解同伴的照片故事，并讲给其他人。			36
17. 我的名片	设计名片，与同伴做自我介绍。			38
18. 明信片	为家人、朋友设计一张明信片，写上祝福语。			40

13 初次相识

活动目标　能做简单的自我介绍，并能用简短的语句打招呼。

活动准备

1. 清理教室内空间，以便学生能自由走动。
2. 根据人数，组织学生面对面地站成内外两个圈。

活动步骤

1. 老师说开始，每个学生跟对面的学生说："我是……（自己的名字），很高兴见到你。"说完外圈的同学顺时针移动到下一位同学面前，相互说同样的话，要求换同伴和说话的速度越来越快。
2. 再次重复这个活动。这次学生要说："你好，……（对方的名字）。很高兴再次见到你。（我很好，谢谢！）你好吗？"
3. 如果学生想不起和自己打招呼的人的名字，对方应该告诉他/她。

假如本班学生已经很熟悉了，你怎么办？

1. 本活动适合刚组建的班级，在大家相互不太认识时使用。
2. 教师可以教学生一些技巧，如：“你好，很高兴见到你，你是……”，学生停顿一下时对方往往会说出自己的名字；或者说“我常常能记住人的样子，但是记不住人的名字”等。
3. 教师也可以站在圈里，与同学们一起做这个活动，尽快熟悉班里的每个学生。

活动提示

这个活动练习了哪些内容？请勾出来。

语言技能	听	说	读	写	适合水平	初	中	高	
语言要素	语音	汉字	词汇	语法	教学对象	儿童	青少年	大学生	成人
组织形式	单人	双人	小组	全班					

设计优化贴

根据我的____________________，这个活动可以做如下改进：

活动目标：

练习项目：

步骤调整：

改进后效果： 更适合我们班学生的年龄（　　）　更适合我们班的水平（　　）
更适合我要教的语言点（　　）　更适合我要练的语言技能（　　）
操作更便利（　　）

14 图片故事

活动目标 能就共同话题展开交谈，准确描述图片内容。

活动准备 复印下列图片，按虚线裁剪下来，每对一张图片。

活动步骤

1. 两人一对，发给每对学生一张图片。给10分钟的时间，让每对学生充分讨论拿到的图片，主要讨论图片里发生了什么事，两个主要人物是谁，他们都是什么个性，互相是什么关系等。
2. 再给15分钟的时间，让每对根据讨论的结果和图片中已有信息为图片中的两个主要人物编一段对话。重点是这两个人物在谈论什么话题，结果怎么样。编好后两人练习并准备表演他们的对话。
3. 每对学生都把自己的图片表演给其他学生。其他同学可以提问，并对他们的表演进行评价，讨论他们之间对图画的诠释在多大程度上是相同的。

为了进行小组间比较，你也可以只选一幅画给所有小组用。四幅画中，你会用哪一幅呢？为什么？

活动拓展 课后可以让学生做一次图片展示，并在每张图片下面配上根据该图编写的对话内容。

A

B

C

D

语言技能	听	说	读	写
语言要素	语音	汉字	词汇	语法
组织形式	单人	双人	小组	全班
适合水平	初	中	高	
教学对象	儿童	青少年	大学生	成人

这个活动练习了哪些内容？请勾出来。

设计优化贴

根据我的________________，这个活动可以做如下改进：

活动目标：

练习项目：

步骤调整：

改进后效果： 更适合我们班学生的年龄（　　） 更适合我们班的水平（　　）
更适合我要教的语言点（　　） 更适合我要练的语言技能（　　）
操作更便利（　　）

15 猜亲属

活动目标 能正确说出家庭亲属称谓。

活动准备

1. 复印活动页 第226页 的“家庭树”。 **复印份数＝班级学生数**
2. 复习相关句型。

是男/女的吗？　　与你同辈吗？
是奶奶生的吗？　　是叔叔的妻子吗？

活动步骤

1. 发给每个学生一份活动页，利用“家庭树”熟悉亲属称谓。
2. 两人一组，A同学在心中暗想一个亲属，如婶婶，不要说出来。
3. B同学提问，要求A只能回答“是”或“不是”，直到B说出正确答案为止。
4. 记下B所提的问题数，两人交换进行，谁提问较少就说出正确答案谁获胜。

活动提示 教师可与一位学生先做示范性问答，由学生想亲属，教师提问。

活动拓展 请学生画一张自己的家庭树，并填写出亲属称谓和名字。

语言技能	听	说	读	写
语言要素	语音	汉字	词汇	语法
组织形式	单人	双人	小组	全班
适合水平	初	中	高	
教学对象	儿童	青少年	大学生	成人

这个活动练习了哪些内容？请勾出来。

设计优化贴

根据我的＿＿＿＿＿＿＿＿＿＿，这个活动可以做如下改进：

活动目标：

练习项目：

步骤调整：

改进后效果： 更适合我们班学生的年龄（　　）　更适合我们班的水平（　　）
更适合我要教的语言点（　　）　更适合我要练的语言技能（　　）
操作更便利（　　）

16 照片的故事

活动目标

能清楚描述事件、叙述过去发生的事件。

活动准备

教师、学生每人自备照片一张，要求照片上要有本人。

活动步骤

选取照片时需要注意哪些事项？

1. 教师展示自己的照片，首先描述其内容，然后讲述关于这张照片的故事和其背后的意义。
2. 学生两人一组，互相采访，了解对方照片的有关信息，越多越好。如果需要，可以记录下来。
3. 请学生按照教师的示范描述同伴的照片。

活动提示

1. 学生讲解照片故事时，可以让其他学生传看所讲述的照片。
2. 注意引导学生正确描述过去发生的事情，尤其是时间词的运用，如“那时”、“那一年”、“当时”等。
3. 提示学生要以第三人称描述同伴的照片。

活动拓展

请学生选择印象最深刻的一张照片写作文，介绍图片内容和相关故事，并说明选择的原因，要求字数不少于120字。

语言技能	听	说	读	写
语言要素	语音	汉字	词汇	语法
组织形式	单人	双人	小组	全班
适合水平	初	中	高	
教学对象	儿童	青少年	大学生	成人

这个活动练习了哪些内容？请勾出来。

设计优化贴

根据我的____________________，这个活动可以做如下改进：

活动目标：

练习项目：

步骤调整：

改进后效果： 更适合我们班学生的年龄（　　）　更适合我们班的水平（　　）
更适合我要教的语言点（　　）　更适合我要练的语言技能（　　）
操作更便利（　　）

17 我的名片

活动目标

了解并正确使用中国常用的职位和头衔。

活动准备

1. 复印活动页 第227页 的名片模版，按虚线裁剪下来。 **复印份数=班级学生数/2**
2. 复习相关词汇。

学生	经理	职员	技术员	工程师	警察	售货员	律师	秘书	司机
教师	医生	主任	局长	主管	护士	工人	校长	教授	助理

想想看，还有哪些词语可用？哪些句型需要准备？

活动步骤

1. 教师带领学生熟悉汉语中常用的职位及头衔。
2. 教师将复印好的名片发给每个学生，让学生根据自己从事的职业或未来的职业理想，填写一张信息完整的名片。
3. 学生两人一组，互换名片并做自我介绍。然后再与其他一组同学做交叉练习，向他们介绍自己的同伴。

活动提示

1. 活动前教师可以先展示一下自己的名片，让学生先熟悉名片应包含哪些主要信息。
2. 活动后教师提问讲评。每论及一个人物，教师可问大家有多少种可能的职位和头衔，并做适当的扩展，如“马云在北京大学工作，他还可以是教授、讲师、校长。”

语言技能	听	说	读	写
语言要素	语音	汉字	词汇	语法
组织形式	单人	双人	小组	全班
适合水平	初	中	高	
教学对象	儿童	青少年	大学生	成人

这个活动练习了哪些内容？请勾出来。

设计优化贴

根据我的____________________，这个活动可以做如下改进：

活动目标：

练习项目：

步骤调整：

改进后效果： 更适合我们班学生的年龄（　　　）　更适合我们班的水平（　　　）
更适合我要教的语言点（　　　）　更适合我要练的语言技能（　　　）
操作更便利（　　　）

18 明信片

活动目标

学会正确使用祝福语。

活动准备

1. 复印活动页 第228页 “明信片”，按虚线裁剪下来。 复印份数＝班级学生数/2
2. 复习相关祝福语。

想想看，还有哪些祝福语可用？

新年好！	祝你生活幸福！	祝你生日快乐！
祝你一路顺风！	祝你成功！	圣诞节快乐！
祝你天天快乐！	祝你身体健康！	祝你考试顺利！

活动步骤

如果请你为学生准备真实的明信片，你会选择什么图案的明信片呢？为什么？

1. 向学生展示自己制作的一张明信片，并说明写明信片的基本格式。
2. 将复印好的空白明信片发给每个学生各一张，让学生根据实际情况，为自己的家人或朋友设计一张个性化的明信片，用汉语或拼音写出自己的祝福语。

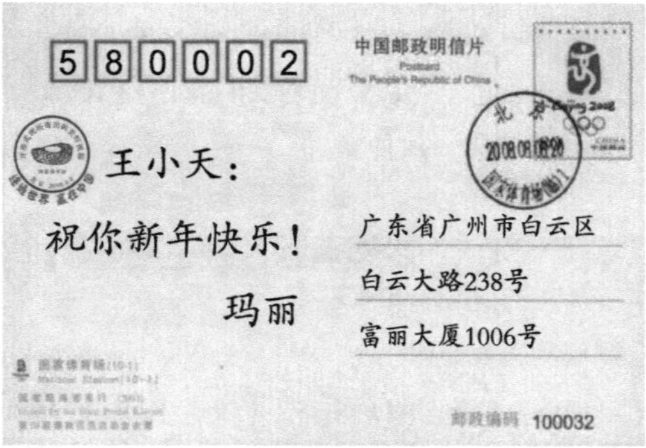

活动提示

1. 如果课堂时间有限，可以让学生课后完成明信片的设计。
2. 让学生发挥自己的想象力，加上照片、图画等装饰。

活动拓展

可以让学生搞一次明信片展示，或者请学生在下次课上展示自己的明信片，并说明为什么要写这些祝福语。

语言技能	听	说	读	写
语言要素	语音	汉字	词汇	语法
组织形式	单人	双人	小组	全班
适合水平	初	中	高	
教学对象	儿童	青少年	大学生	成人

这个活动练习了哪些内容？请勾出来。

设计优化贴

根据我的________________，这个活动可以做如下改进：

活动目标：

练习项目：

步骤调整：

改进后效果： 更适合我们班学生的年龄（　　）　更适合我们班的水平（　　）
更适合我要教的语言点（　　）　更适合我要练的语言技能（　　）
操作更便利（　　）

话题范围

打招呼，问候，寒暄，介绍，交换名片，感谢，告别，邀请，拒绝，拜访，请求，建议，通知，允许，帮助，沟通，调解，祝愿与祝贺，聚会，约会，聚餐，打电话，发电子邮件，网络聊天，交际习俗与礼仪，个人空间，人际关系，家庭称谓，社交称谓，社区关系，捐款集资 等

我的设计我做主

看完上面的活动实例，我想我可以设计更多有关社会交往的活动。

活 动 1：______________________

目　　标：______________________

内　　容：______________________

____

____

____

练习项目：______________________

____

____

____

注意事项：______________________

____

活 动 2：______________________

目　　标：______________________

内　　容：______________________

____

____

____

练习项目：______________________

____

____

____

注意事项：______________________

____

日常生活

话题范围

起居作息 · 上学 · 工作 · 打电话 · 看电视（新闻、天气预报）· 上网 · 体育活动 · 保健 · 就医 · 问路 · 做家务 · 购物（价格、规格、形状、颜色）· 生活必需品 · 外出就餐 · 饮食习惯 等

你的活动我预测

本部分主要包含下面几个活动实例，你认为它们能练习哪些语言项目？可采取什么样的组织形式？

活动名称	活动内容	可练习的语言项目	可使用的组织形式	页码
19. 拍卖会	每人一套人民币样币，举办班级拍卖会。			44
20. 不一样的天气	描述图片，比较两张图片的异同。			46
21. 现在几点?	说时间，看小组中谁说得最快、最准确。			48
22. 你来这里干什么?	做游戏，说在某个处所做的事情。			50
23. 求职面试	根据卡片信息，招聘合适的员工或应聘合适的工作岗位。			52
24. 我的一天	描述一天的生活活动，讲给同伴听。			54
25. 我的一周	填写一周日程表，邀请同学参加本周某一项活动。			56
26. 问路与指路	在地图上设定“家”的位置，描述“回家”的路线。			58
27. 角色卡片	根据各自角色卡片上的信息，与同伴完成交际活动。			60

19 拍卖会

活动目标 学会描述物品和人民币的表达法。

活动准备

1. 请每个学生带一样物品到教室，如本子、杯子、笔、耳机、明信片、光盘等，并准备一个简介牌，介绍该商品的基本情况。
2. 复印活动页 第229页 的人民币样币。 复印份数＝班级学生数
3. 剪刀。

活动步骤

1. 发给每个学生一套人民币样币，并让他们裁剪下来准备拍卖时用。
2. 每个学生将自带的物品和简介牌交给老师作为拍卖品。教师给每件拍品编号，编号不要告诉学生。
3. 给学生3分钟时间，浏览所有拍卖品和简介，选定自己心仪的商品。
4. 让一名学生当拍卖师，按照序号顺序拍卖每件商品，从5角起拍，最高不超过20元，拍定后公布所拍的物品和物品的主人。拍得物品的学生要付钱给物品主人。
5. 最后看谁手里的钱最多，谁拍到的商品最多，谁拍到的商品最超值。

活动提示 拍卖师可以让学生轮流做。拍卖师要一边喊价一边描述商品，描述时可以参照简介牌上的信息。

语言技能	听	说	读	写
语言要素	语音	汉字	词汇	语法
组织形式	单人	双人	小组	全班
适合水平	初	中	高	
教学对象	儿童	青少年	大学生	成人

这个活动练习了哪些内容？请勾出来。

设计优化贴

根据我的________________，这个活动可以做如下改进：

活动目标：

练习项目：

步骤调整：

改进后效果： 更适合我们班学生的年龄（　　）　更适合我们班的水平（　　）
更适合我要教的语言点（　　）　更适合我要练的语言技能（　　）
操作更便利（　　）

20 不一样的天气

活动目标 能描述天气和天气变化情况。

活动准备 复印下列图片，按虚线裁剪下来。 复印份数＝班级人数/2

活动步骤

1. 学生两人一组，分别看着图A和图B。
2. 向同伴描述自己的图片内容，听的同学应该说出和自己的图片不一样的地方。
3. 最后可以请两组同学向全班做示范。

A

B

语言技能	听	说	读	写
语言要素	语音	汉字	词汇	语法
组织形式	单人	双人	小组	全班
适合水平	初	中	高	
教学对象	儿童	青少年	大学生	成人

这个活动练习了哪些内容？请勾出来。

设计优化贴

根据我的____________________，这个活动可以做如下改进：

活动目标：

练习项目：

步骤调整：

改进后效果： 更适合我们班学生的年龄（　　） 更适合我们班的水平（　　）
更适合我要教的语言点（　　） 更适合我要练的语言技能（　　）
操作更便利（　　）

21 现在几点？

活动目标 学会使用时间表达法。

活动准备 复印下列表盘，并按虚线裁剪下来。 复印份数＝班级学生数

活动步骤

1. 发给每个学生一套钟表卡片，让他们在每张表盘上画出不同时间。
2. 学生4人一组，小组中一个学生拿出自己画好的一张钟表卡片问“现在几点？”说得又快又准确的人可以拿走那张卡片。
3. 小组其他同学轮流提问，最后谁拿到的卡片最多，谁获胜。

语言技能	听	说	读	写
语言要素	语音	汉字	词汇	语法
组织形式	单人	双人	小组	全班
适合水平	初	中	高	
教学对象	儿童	青少年	大学生	成人

这个活动练习了哪些内容？请勾出来。

设计优化贴

根据我的____________________，这个活动可以做如下改进：

活动目标：

练习项目：

步骤调整：

改进后效果： 更适合我们班学生的年龄（　　　）　更适合我们班的水平（　　　）

更适合我要教的语言点（　　　）　更适合我要练的语言技能（　　　）

操作更便利（　　　）

22 你来这里干什么？

活动目标 学会表达在某个处所做什么事情。

活动准备

1. 复印活动页 第230页 “社区图”和 第231页 的骰子图。 **复印份数＝班级学生数/3**
2. 每个学生自备一块橡皮作为棋子。
3. 剪刀、胶水、双面胶。
4. 复习相关词汇和句型。

想想看，这些词语可分为哪几类？还有哪些词语可用？哪些句型还需要准备？

医院	银行	学校	餐馆	图书馆	健身房
电影院	公园	邮局	电器商场	游乐场	看病
取钱	上课	吃饭	看书	做运动	看电影
散步	寄信	买电器	游玩		

你来这里干什么？
我来……

活动步骤

1. 学生3—4人一组，教师发给每组一份“社区图”和骰子图。小组成员共同努力，制作完成骰子。
2. 每组的一个学生掷骰子，按照骰子上的点数前进几步，其他同学问他/她：“你来这里干什么？”这个同学要说出正确回答，注意必须是完整的句子才能得分，如“我来医院看病。”如果说错了，就要待在原地。
3. 教师计时，看看谁用时最少到达终点“家”，谁就获胜。

活动提示 如果班级学生人数较少，本活动也可以在全班进行。

语言技能	听	说	读	写
语言要素	语音	汉字	词汇	语法
组织形式	单人	双人	小组	全班
适合水平	初	中	高	
教学对象	儿童	青少年	大学生	成人

这个活动练习了哪些内容？请勾出来。

设计优化贴

根据我的＿＿＿＿＿＿＿＿，这个活动可以做如下改进：

活动目标：

练习项目：

步骤调整：

改进后效果： 更适合我们班学生的年龄（　　） 更适合我们班的水平（　　）
更适合我要教的语言点（　　） 更适合我要练的语言技能（　　）
操作更便利（　　）

23 求职面试

活动目标 能描述自己的工作能力，学会提出职位要求。

活动准备

1. 复印活动页 第232—233页 的“应聘卡和招聘卡”，按虚线裁剪下来。 复印份数＝1
2. 复习相关词汇和句型。

想想看，还有哪些句型可用？

教师　秘书　律师　销售　厨师　记者

我会……我做过……　　我爱……我善于……
我具有…… 工作经验。　　我曾经……

活动步骤

1. 将全班学生分为两组，发给A组学生“应聘卡”，发给B组学生“招聘卡”。
2. 持有“招聘卡”的同学坐成一排，当面试官招聘员工，注意要熟悉“招聘卡”上的招聘信息。
3. 持有“应聘卡”的同学阅读卡片，知道自己具备哪些能力，想好怎样表达自己具备的能力。然后分别找持有“招聘卡”的面试官去面试，看谁能面试成功。
4. 活动结束，大家谈谈面试成功的经验。

活动提示

1. 如果班级学生人数比较多，也可以分成四组，A1组、B1组、A2组和B2组。A1组和A2组可以持有相同的卡片，B1组和B2组可以持有相同的卡片。这样就需要教师复印两套活动页的卡片。
2. 如果时间允许，教师可以收回卡片重新分配，让持两种卡的学生交换角色，再次模拟招聘面试。
3. 教师可以给应聘成功和招聘成功的学生发一个小奖品以示鼓励。

活动拓展 课后让学生根据自己的理想职业制作一份求职简历。

语言技能	听	说	读	写
语言要素	语音	汉字	词汇	语法
组织形式	单人	双人	小组	全班
适合水平	初	中	高	
教学对象	儿童	青少年	大学生	成人

这个活动练习了哪些内容？请勾出来。

设计优化贴

根据我的__________________，这个活动可以做如下改进：

活动目标：

练习项目：

步骤调整：

改进后效果： 更适合我们班学生的年龄（　　） 更适合我们班的水平（　　）
更适合我要教的语言点（　　） 更适合我要练的语言技能（　　）
操作更便利（　　）

24 我的一天

活动目标

能流利地介绍自己一天的生活起居。

活动准备

1. 复印活动页 第234页 的“我的一天”。 **复印份数＝班级学生数**
2. 复习相关词汇和句型。

想想看，还有哪些词语和句型可用？

起床　上学　吃饭　运动
睡觉　看电视　洗澡　上课

某人＋时间＋做什么

活动步骤

1. 发给每个学生一张活动页，让他们根据自己的实际情况填写时间和活动。学生也可以自己设计页面，画些示意图。
2. 让学生按虚线把每页剪下来，装订成册，写上作者名，展示给同学看。
3. 请一位学生向全班描述自己“书”中的内容。
4. 学生两人一组，与同伴交换“书”，互相说说同伴一天的生活，与自己的一天活动比较一下，看看有什么异同。

这一活动比较适合哪一年龄段的学习者？

语言技能	听	说	读	写
语言要素	语音	汉字	词汇	语法
组织形式	单人	双人	小组	全班
适合水平	初	中	高	
教学对象	儿童	青少年	大学生	成人

这个活动练习了哪些内容？请勾出来。

设计优化贴

根据我的＿＿＿＿＿＿＿＿，这个活动可以做如下改进：

活动目标：

练习项目：

步骤调整：

改进后效果： 更适合我们班学生的年龄（　　　）　更适合我们班的水平（　　　）
更适合我要教的语言点（　　　）　更适合我要练的语言技能（　　　）
操作更便利（　　　）

25 我的一周

活动目标

能介绍日常生活安排，学会邀请、应邀或拒绝。

活动准备

1. 复印活动页 第235页 的日程表。 **复印份数＝班级学生数**
2. 复习相关词汇和句型。

想想看，还有哪些词语可用？哪些句型还需要准备？

上课	汉语课	写作业	逛街
跑步	聊天	复习	上网
郊游	游泳	钓鱼	看电视
运动	开会	看电影	买书
参观	做实验	爬山	看戏
购物	听音乐	做饭	跳舞

我……（时间）要……（做什么），请你和我一起……，好吗？
好的，谢谢！
对不起，我有事，去不了。
……（时间）我们一起……（做什么）好吗？

活动步骤

1. 发给学生每人一张日程表，要求学生填上个人本周的活动安排。
2. 两人一组，向同伴介绍自己一周的安排，看看谁安排得更合理。
3. 每个人在自己的日程表中选择一项活动，邀请班上的其他同学参加，其他人可以答应邀请也可以拒绝。10分钟之内看看谁邀请成功的次数最多。
4. 让每个学生把自己邀请别人参加的活动安排报告给全班，包括有谁参加、是什么样的活动，什么时候举办活动等。

如果你教的是社会成人班，你会准备哪些相关词语呢？

活动提示

活动结束后可以让学生总结介绍日常活动安排、邀请、应邀和拒绝的表达方式。

语言技能	听	说	读	写
语言要素	语音	汉字	词汇	语法
组织形式	单人	双人	小组	全班
适合水平	初	中	高	
教学对象	儿童	青少年	大学生	成人

这个活动练习了哪些内容？请勾出来。

设计优化贴

根据我的＿＿＿＿＿＿＿＿＿＿＿＿＿，这个活动可以做如下改进：

活动目标：

练习项目：

步骤调整：

改进后效果： 更适合我们班学生的年龄（　　　）　更适合我们班的水平（　　　）
更适合我要教的语言点（　　　）　更适合我要练的语言技能（　　　）
操作更便利（　　　）

26 问路与指路

活动目标 掌握问路和指路的基本表达方式。

活动准备 复印活动页 第236页 的地图。 复印份数＝班级学生数

活动步骤

1. 发给每个学生一张地图，让每个学生在自己的地图上任选一点作为“家”的位置并画出来。然后在纸上画出从“起点”回“家”的行走路线，思考应该如何描述。学生必须使用街道和标志性建筑的名字。
2. 让学生A向全班说出自己回“家”的行走路线，其他学生根据该同学给出的路线找到A的家。
3. A可以挑选一名听众B，指出他/她家的行走路线，并指出A学生“家”的位置。如果B所指的位置不对，可以让另一个同学C继续指，直到所指的位置正确为止。然后A朗读自己回“家”的行走路线，所有学生核对记录是否确切。最后，A挑选一名同学继续重复上面的活动过程。

活动提示 如果班级人数比较多，可以采用两人一组的形式进行活动，让其中一个学生说，而另一个学生找。

活动拓展 将学生带到校园某处，让他们互相询问去校园另一处地点怎么走。两处地点之间要有一定距离、转弯和岔路。

语言技能	听	说	读	写
语言要素	语音	汉字	词汇	语法
组织形式	单人	双人	小组	全班
适合水平	初	中	高	
教学对象	儿童	青少年	大学生	成人

这个活动练习了哪些内容？请勾出来。

设计优化贴

根据我的＿＿＿＿＿＿＿＿＿＿，这个活动可以做如下改进：

活动目标：

练习项目：

步骤调整：

改进后效果： 更适合我们班学生的年龄（　　）　更适合我们班的水平（　　）
更适合我要教的语言点（　　）　更适合我要练的语言技能（　　）
操作更便利（　　）

27 角色卡片

活动目标 学会在一些常见交际场景中使用汉语，达到交际目的。

活动准备 复印活动页 第237、238页 角色卡片。 复印份数＝班级人数/2

活动步骤

1. 把学生分为两人一组，每组两个学生分别拿A或B角色卡片。
2. 根据各自卡片上提供的信息，与同伴对话完成交际活动。

活动提示

1. 该活动把“在医院看病”、“在餐馆点菜”、“在银行换钱”、“在商店买东西”、“乘出租车”、“打电话”这6组最常见的交际活动放在一起，教师既可以配合教学内容单独使用一组卡片，练习一组对话，如让所有结对学生练习在餐馆点菜的场景，也可以把几组卡片自由组合使用。
2. 提醒学生可以在空白处填写各自的交际内容。

语言技能	听	说	读	写
语言要素	语音	汉字	词汇	语法
组织形式	单人	双人	小组	全班
适合水平	初	中	高	
教学对象	儿童	青少年	大学生	成人

这个活动练习了哪些内容？请勾出来。

设计优化贴

根据我的____________________，这个活动可以做如下改进：

活动目标：

练习项目：

步骤调整：

改进后效果： 更适合我们班学生的年龄（　　　）　更适合我们班的水平（　　　）
更适合我要教的语言点（　　　）　更适合我要练的语言技能（　　　）
操作更便利（　　　）

话题范围

起居作息・上学・工作・打电话・看电视（新闻、天气预报）・上网・体育活动・保健・就医・问路・做家务・购物（价格、规格、形状、颜色）・生活必需品・外出就餐・饮食习惯 等

我的设计我做主

看完上面的活动实例，我想我可以设计更多有关日常生活的活动。

活 动 1：______________________

目　　标：______________________

内　　容：______________________

____

____

____

练习项目：______________________

____

____

____

注意事项：______________________

____

活 动 2：______________________

目　　标：______________________

内　　容：______________________

____

____

____

练习项目：______________________

____

____

____

注意事项：______________________

____

学校生活

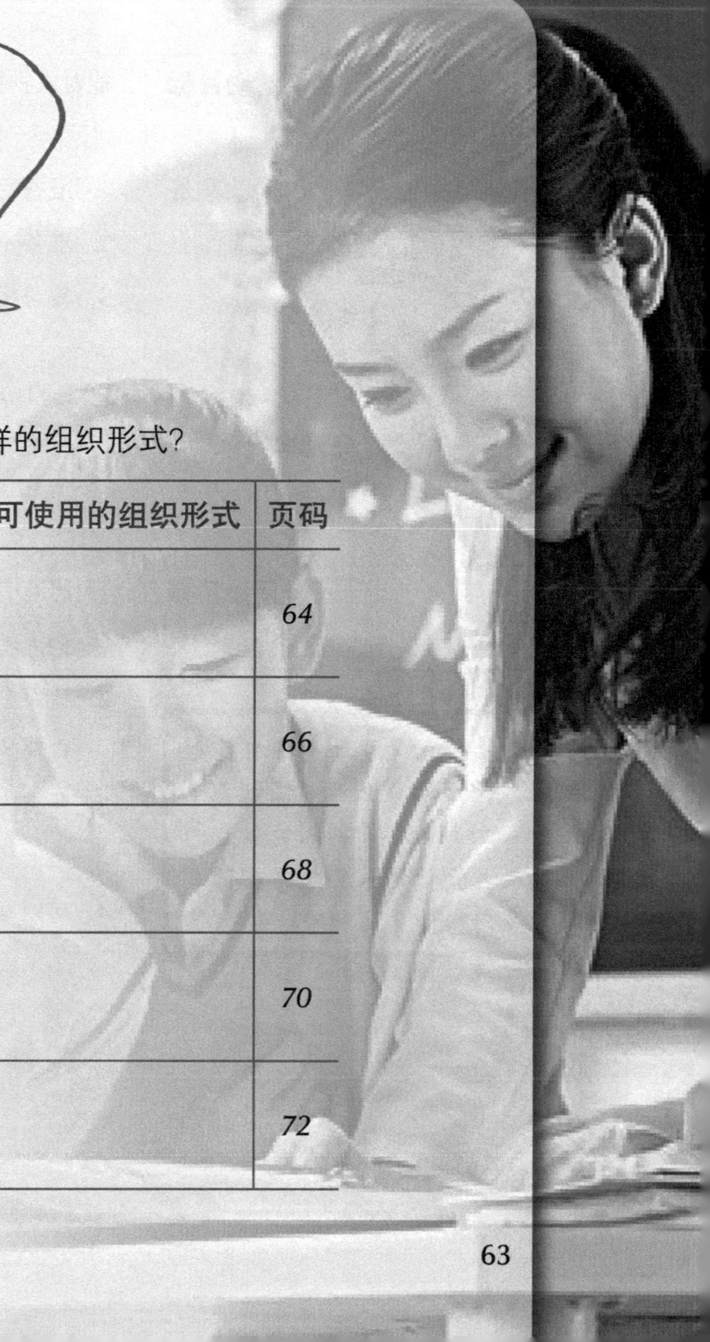

话题范围

知识・教育・学科・素质教育・学校称谓・学习策略・学校课程・成绩・课堂用语・奖励（奖学金、奖状、表扬）・纪律・上学・放学・作业・活动（多元文化活动、课外活动、学校活动、社区活动）・学校运动队・假期・家长会・学生会・开学典礼・毕业典礼・师生关系・交朋友・学校设备・图书馆 等

你的活动我预测

本部分主要包含下面几个活动实例，你认为它们能练习哪些语言项目？可采取什么样的组织形式？

活动名称	活动内容	可练习的语言项目	可使用的组织形式	页码
28. 猜猜他/她是谁？	根据描述，猜猜被描写的人是谁。			*64*
29. 校园地图	标出校园内某一处所的名称，并说出方位。			*66*
30. 我希望……	给汉语课或汉语老师提建议。			*68*
31. 我的汉语学习方法	填写调查问卷，交流汉语学习方法。			*70*
32. 写给新生的信	给下个学期学习本课程的学生写一封信，谈谈你的学习经验和建议。			*72*

28 猜猜他/她是谁？

活动目标

能对人物特征、性格特点进行描述。

活动准备

1. 准备写有班上一些学生名字的纸条，每张纸条上一个名字，名字可以重复。保证班上每个学生能有一张。
2. 准备一些稍大点的空白纸条，以便学生在上面写信息，保证每个学生至少有一张。
3. 复习相关词汇。

内向	外向	不爱说话	开朗	随和	勤奋	认真
急（躁）	安静	聪明	勇敢	诚实	努力	热心

想想看，还有哪些词语可用？哪些句型需要准备？

活动步骤

1. 将写有学生姓名的纸条和空白纸条发给每个人，每人各一张有姓名的纸条和空白纸条。告诉学生不能让其他人看到拿到的纸条上的学生姓名。
2. 让每个学生在纸条上写一份对纸条上写着姓名的学生的简短描述，但不能写出所描述的这个学生的名字或自己的名字。
3. 所有人都写完后，将自己写的纸条交到教师手里。教师打乱顺序后让每个同学任意抽取其中一张，读出纸条上的描述，让其他人猜猜这是谁。
4. 可以准备一些小奖品给写纸条被最快猜出是谁的学生。

你可以让学生拿到有自己姓名的纸条，也可以保证每个人拿到的都是别人的姓名。两种设计的最终效果有什么不同？你更喜欢哪一种？

她是一个苗条的女孩，二十来岁，喜欢穿裙子。她总是喜欢帮助别人！

1. 让被描述的同学讲述他/她自己的感受。
2. 可以将这些描述配上卡通图案做成留言册。

语言技能	听	说	读	写
语言要素	语音	汉字	词汇	语法
组织形式	单人	双人	小组	全班
适合水平	初	中	高	
教学对象	儿童	青少年	大学生	成人

活动拓展

这个活动练习了哪些内容？请勾出来。

设计优化贴

根据我的________________，这个活动可以做如下改进：

活动目标：

练习项目：

步骤调整：

改进后效果： 更适合我们班学生的年龄（　　） 更适合我们班的水平（　　）
更适合我要教的语言点（　　） 更适合我要练的语言技能（　　）
操作更便利（　　）

29 校园地图

活动目标　学会用方位词描述一个熟悉的环境。

活动准备

1. 按照下图所示在一张A3纸上画一张校园简图，也可以直接在黑白板上画出来。
2. 复习相关词汇。

前　后　南　北　左　右　西　东　上　下　旁边　对面　里边　外面

想想看，还有哪些词语可用？哪些句型需要准备？

活动步骤

1. 请一个学生上讲台，在黑/白板或校园简图上标出学校内某一处所的名称，并讲出方位。
2. 让每位同学轮流上台在简图上标出校园内其他某一处所的名称，并说出它的方位。如“图书馆在校门口右边。”

活动扩展　可以利用这张简图带领学生复习问路和指路的表达法。

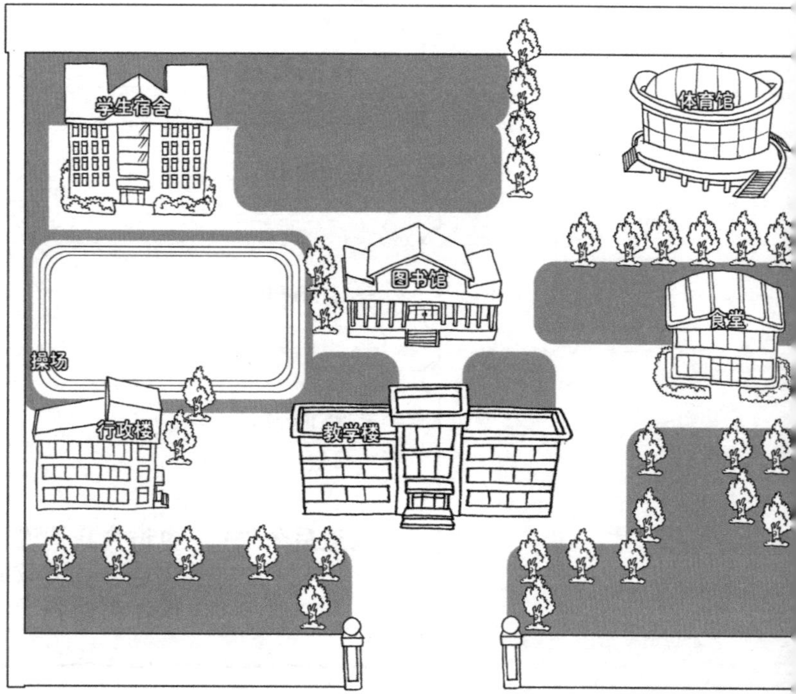

语言技能	听	说	读	写
语言要素	语音	汉字	词汇	语法
组织形式	单人	双人	小组	全班
适合水平	初	中	高	
教学对象	儿童	青少年	大学生	成人

这个活动练习了哪些内容？请勾出来。

设计优化贴

根据我的＿＿＿＿＿＿＿＿＿＿，这个活动可以做如下改进：

活动目标：

练习项目：

步骤调整：

改进后效果： 更适合我们班学生的年龄（　　　）　更适合我们班的水平（　　　）
更适合我要教的语言点（　　　）　更适合我要练的语言技能（　　　）
操作更便利（　　　）

30 我希望……

> 卡片可以使用统一样式的，也可以设计成不同样式的。两者效果有什么不同？你更喜欢哪一种？

活动目标 能顺利地表达在学习等方面的愿望。教师也可以通过了解学生的需求改进教学。

活动准备 复印下列空白卡片。 **复印份数＝班级学生数/3**

活动步骤

1. 发给学生每人一张空白卡片，请学生设计自己的期望卡，并在卡片上写出自己对汉语课、对汉语老师的期望及其原因。
2. 收集全班的期望卡，做成墙报展示。

活动提示

1. 鼓励学生尽量用汉语写，不会写的汉字可以用拼音代替。对于初级班的学生可以适当使用母语，以传达意义为目的。
2. 教师应该对学生提出的希望给予回应，采纳或不采纳，及其原因。

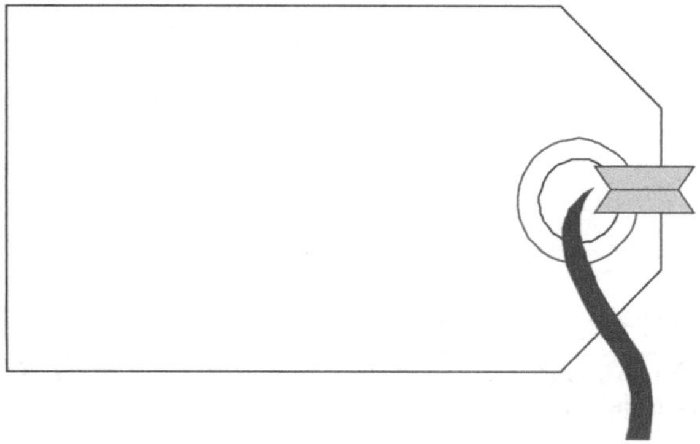

语言技能	听	说	读	写
语言要素	语音	汉字	词汇	语法
组织形式	单人	双人	小组	全班
适合水平	初	中	高	
教学对象	儿童	青少年	大学生	成人

这个活动练习了哪些内容？请勾出来。

设计优化贴

根据我的____________________，这个活动可以做如下改进：

活动目标：

练习项目：

步骤调整：

改进后效果： 更适合我们班学生的年龄（ ） 更适合我们班的水平（ ）
更适合我要教的语言点（ ） 更适合我要练的语言技能（ ）
操作更便利（ ）

31 我的汉语学习方法

活动目标 能有效地总结、评估个人学习汉语的方法。

活动准备 复印活动页 第239页 的调查问卷。 复印份数＝班级学生数

活动步骤

1. 发给每个学生一份调查问卷，请学生按要求填写好自己的意见。
2. 完成后，学生两人一组，与同伴交流彼此的意见，然后向全班概述他们的想法。
3. 全班可以做“有效的学习方法”的调查统计，看看哪些方法最有效。

活动提示

1. 教师要在这个活动中注重收集总结学生的意见，提高自己的教学水平。
2. 应向初级学生解释调查表里的内容。

活动拓展 可以随机找几个学生口头分析一下他/她的学习方法，不限时。

语言技能	听	说	读	写
语言要素	语音	汉字	词汇	语法
组织形式	单人	双人	小组	全班
适合水平	初	中	高	
教学对象	儿童	青少年	大学生	成人

这个活动练习了哪些内容？请勾出来。

设计优化贴

根据我的____________________，这个活动可以做如下改进：

活动目标：

练习项目：

步骤调整：

改进后效果： 更适合我们班学生的年龄（　　　）　更适合我们班的水平（　　　）
更适合我要教的语言点（　　　）　更适合我要练的语言技能（　　　）
操作更便利（　　　）

32 写给新生的信

活动目标 能交流、总结汉语学习经验，并给出一些建议；了解中文书信的基本格式。

活动准备

1. 复印活动页 第240页 的信封和 第287页 信纸。 **复印份数＝班级学生数**
2. 复习相关词汇。

想想看，这些词语可分为哪几类？还有哪些词语可用？哪些句型还需要准备？

读音	声调	声母	韵母	元音	辅音	儿化	发音	汉字	偏旁	部首	笔画
笔顺	多音字	简体字	繁体字	方言	书面语	外来语	例句	搭配	术语	复习	预习
聊天	听录音	背生词	提问	上网	抄写	毛笔字	朗读	清晰	准确	制订	计划

活动步骤

1. 发给每个学生一个信封和一张信纸，带领学生学习中文书信和信封的格式。
2. 让学生想象他们要给一位下个学期开始学习本课程的新同学写信，给出一些个人的学习经验和建议。
3. 两人一组，相互学习和修改同伴的信，互相交流，再根据同伴的建议修改自己的信，然后交给教师评改。
4. 提醒学生注意中文信件的书写格式，建议用时为20—30分钟。

活动提示

1. 如果课堂时间有限，可以让同学课后再修改。
2. 教师要在收上来的信上写出评语。
3. 教师可以有针对性地选择一些写得比较好的信，留给下个年级的同学参考。
4. 同样的活动可以改编为“写给家人的信”、“写给朋友的信”等。

如果插入跟学生母语书信格式的对比，你会用什么样的方式进行对比呢？直接告诉学生？展示两种格式，让学生自己找不同点？还是其他方式？

活动拓展 可以把全班学生的信件汇编起来做成纪念册。

语言技能	听	说	读	写
语言要素	语音	汉字	词汇	语法
组织形式	单人	双人	小组	全班
适合水平	初	中	高	
教学对象	儿童	青少年	大学生	成人

这个活动练习了哪些内容？请勾出来。

设计优化贴

根据我的＿＿＿＿＿＿＿＿＿＿，这个活动可以做如下改进：

活动目标：

练习项目：

步骤调整：

改进后效果： 更适合我们班学生的年龄（　　　）　更适合我们班的水平（　　　）
更适合我要教的语言点（　　　）　更适合我要练的语言技能（　　　）
操作更便利（　　　）

话题范围

知识・教育・学科・素质教育・学校称谓・学习策略・学校课程・成绩・课堂用语・奖励（奖学金、奖状、表扬）・纪律・上学・放学・作业・活动（多元文化活动、课外活动、学校活动、社区活动）・学校运动队・假期・家长会・学生会・开学典礼・毕业典礼・师生关系・交朋友・学校设备・图书馆 等

我的设计我做主

看完上面的活动实例，我想我可以设计更多有关学校生活的活动。

活 动 1：______

目 标：______

内 容：______

练习项目：______

注意事项：______

活 动 2：______

目 标：______

内 容：______

练习项目：______

注意事项：______

家庭生活

话题范围

婚姻 · 家庭结构（双亲家庭、单亲家庭）· 家庭成员 · 家庭称谓 · 家长同子女的沟通与理解（代沟）· 家庭活动 · 家庭计划 · 养老 · 家庭财务管理 · 家务琐事 等

你的活动我预测

本部分主要包含下面几个活动实例，你认为它们能练习哪些语言项目？可采取什么样的组织形式？

活动名称	活动内容	可练习的语言项目	可使用的组织形式	页码
33. 我的房间	给同伴介绍你设计的房间，比较异同。			76
34. 我的家庭故事	讲一个家庭故事，让大家猜猜故事的真假。			78
35. 知心姐姐	写出你的烦恼，同伴写回信为你排忧解难。			79
36. 画家谱	画家谱，比较谁的家人最多，调查家庭成员的职业。			80
37. 家庭数据	调查同学的家庭情况，分享调查结果。			82
38. 美味厨房	挑选食品原料，描述一道中国菜的制作过程。			84

33 我的房间

想想看，还有哪些词语可用？哪些句型还需要准备？

活动目标

能介绍房间的布局和摆设。

活动准备

1. 复印活动页 第241页 的图片。 复印份数=班级学生数X2
2. 复习相关词汇。

床 桌子 椅子 衣柜 书架 沙发 门 窗户 窗帘 窗台
灯 床单 餐桌 茶几 冰箱 音响 电视 电视柜 一盆花 一幅画

活动步骤

1. 发给每个学生两张活动页，在其中一张上画出自己设计的房间，并布置家具和物品。
3. 学生两人一组，分别向同伴介绍你布置的房间，听的人边听边在另一张空白活动页上画出来，比较同伴画的房间与你画的房间之间的异同。

活动提示

教师可以让学生在画出的家具上写出相应的汉字，不会写的汉字可以用拼音代替。

活动扩展

课后可以让学生把自己设计的房间图片展示在墙报上。

语言技能	听	说	读	写
语言要素	语音	汉字	词汇	语法
组织形式	单人	双人	小组	全班
适合水平	初	中	高	
教学对象	儿童	青少年	大学生	成人

这个活动练习了哪些内容？请勾出来。

设计优化贴

根据我的____________________，这个活动可以做如下改进：

活动目标：

练习项目：

步骤调整：

改进后效果： 更适合我们班学生的年龄（　　　）　更适合我们班的水平（　　　）
更适合我要教的语言点（　　　）　更适合我要练的语言技能（　　　）
操作更便利（　　　）

34 我的家庭故事

活动目标　能叙述一个完整的故事。

活动步骤

1. 每人讲述关于自己家庭的一个故事，可以是真实的，也可以是虚构的。
2. 全班同学向讲述者提问，让他/她说出更多细节和内容。
3. 让大家猜猜这个故事的真假，并说明理由，如：内容有漏洞，情节太离奇，叙述中有迟疑等。

活动提示　教师可以尽量启发学生回忆自己家庭的故事。

活动扩展　全班评选最有趣的故事、最感人故事、最佳讲故事者等。

这个活动练习了哪些内容？请勾出来。

语言技能	听	说	读	写	适合水平	初	中	高	
语言要素	语音	汉字	词汇	语法	教学对象	儿童	青少年	大学生	成人
组织形式	单人	双人	小组	全班					

设计优化贴

根据我的＿＿＿＿＿＿＿＿＿＿，这个活动可以做如下改进：

活动目标：

练习项目：

步骤调整：

改进后效果：　更适合我们班学生的年龄（　　）　更适合我们班的水平（　　）
更适合我要教的语言点（　　）　更适合我要练的语言技能（　　）
操作更便利（　　）

35 知心姐姐

活动目标

能表达个人情感，诉说自己的烦恼，并对他人的烦恼提出合理建议。

活动准备

根据学生水平准备范文，一篇是写给知心姐姐的信，一篇是知心姐姐的回信。

活动情境

某知名报纸上有个“知心姐姐”的专栏，读者可以把自己的烦恼写信告诉“知心姐姐”，她会给你回信，替你排忧解难。

活动步骤

1. 解读范文，注意信件的写作格式、用词、句式等。
2. 让每个人给知心姐姐写封信，告诉她你最近的苦恼。
3. 学生两人一组，同伴间互相交换信件，阅读同伴的信，然后以知心姐姐的口吻给对方回信。
4. 经过同伴和教师的修改，可以把给知心姐姐写的信和相应的回信配对做成墙报供全班阅读。

亲爱的知心姐姐：

你好！

我最近……

你说我该怎么办？

路克

2012年6月8日

亲爱的路克：

你好！

很高兴收到你的来信。

我认为你应该……

祝你天天开心！

知心姐姐

2012年6月8日

语言技能	听	说	读	写	适合水平	初	中	高
语言要素	语音	汉字	词汇	语法	教学对象	儿童	青少年	大学生	成人
组织形式	单人	双人	小组	全班				

这个活动练习了哪些内容？请勾出来。

设计优化贴

根据我的______________，这个活动可以做如下改进：

活动目标：

练习项目：

步骤调整：

改进后效果： 更适合我们班学生的年龄（　　）　更适合我们班的水平（　　）
更适合我要教的语言点（　　）　更适合我要练的语言技能（　　）
操作更便利（　　）

36 画家谱

活动目标

熟悉亲属称谓，能介绍自己的家庭成员及其职业。

活动准备

1. 复印活动页 第242页 的“调查表”。 **复印份数＝班级学生数**
2. 复习相关句型。

> 你家有几口人？他们都是谁？　　……做什么工作？
> 你觉得谁的工作最有意思？为什么？

想想看，还有哪些句型可用？哪些词汇需要准备？

活动步骤

1. 学生3—4人一组，每人画出自己家庭的家谱，数一数家里一共有多少人？跟同伴进行比较，看看谁的家人最多。
2. 让学生用表格做调查，问问同伴在所有家庭成员里，最喜欢谁的职业，为什么。
3. 根据调查结果，把小组里各个成员的家庭情况介绍给全班。

活动提示

1. 当学生画家谱的时候，教师可以给予适当的启发和帮助。
2. 告诉学生家谱上要写出汉字，不会写的汉字可以用拼音代替。
3. 可以发给学生第15个活动“猜亲属”的活动页（第226页），先复习一下亲属称谓。

不少学生会把自己家的宠物作为家庭成员介绍，你能接受这种介绍吗？你会怎么处理？

语言技能	听	说	读	写
语言要素	语音	汉字	词汇	语法
组织形式	单人	双人	小组	全班
适合水平	初	中	高	
教学对象	儿童	青少年	大学生	成人

这个活动练习了哪些内容？请勾出来。

设计优化贴

根据我的____________________，这个活动可以做如下改进：

活动目标：

练习项目：

步骤调整：

改进后效果： 更适合我们班学生的年龄（　　） 更适合我们班的水平（　　）
更适合我要教的语言点（　　） 更适合我要练的语言技能（　　）
操作更便利（　　）

37 家庭数据

活动目标 能介绍自己的家庭和家庭成员的年龄、职业等信息，表达对家人的情感。

活动准备

1. 复印下列“问题单”，将每个问题单独剪成纸条，发给每个学生一个问题。如果班级学生数多于12人，教师可以根据学生汉语水平再设计几个问题。如果学生人数少于12人，每人可以发给几个问题。
2. 复印活动页 第243页 的“调查统计”。 **复印份数=1**

画“正”字的数数方式很有中国特色，试试教给学生，看他们是否喜欢？

活动步骤

1. 活动开始后，让学生自由走动，问别人自己的问题，将同学们的回答收集起来。
2. 当所有人都完成的时候，让学生们围坐成一圈，请每个人跟大家分享他们的调查结果，看谁收集到的结果最多。
3. 让学生动手完成“调查统计”来展示他们搜集到的信息。

问题单

1. 你家里有几口人？	7. 你和父母住在一起吗？ 住一起____人，不住一起____人
2. 你是家里最大的孩子吗？ 是____人，否____人	8. 你的家人都从事哪些职业？ 一共有多少种？有____，一共____个没有____
3. 你是家里最小的孩子吗？ 是____人，否____人	9. 除了父母以外，谁是你最亲近的亲戚？为什么？
4. 你是独生子女吗？ 是____人，否____人	10. 家里他们最崇敬谁？为什么
5. 你长得像你母亲吗？ 像____人，有点像____人，不太像____人，不像____人	11. 你家里谁最年轻？他/她多少岁？
6. 你长得像你的父亲吗？ 像____人，有点像____人，不太像____人，不像____人	12. 你家里谁最年长？他/她多少岁？

语言技能	听	说	读	写
语言要素	语音	汉字	词汇	语法
组织形式	单人	双人	小组	全班
适合水平	初	中	高	
教学对象	儿童	青少年	大学生	成人

这个活动练习了哪些内容？请勾出来。

设计优化贴

根据我的____________________，这个活动可以做如下改进：

活动目标：

练习项目：

步骤调整：

改进后效果： 更适合我们班学生的年龄（　　　）　更适合我们班的水平（　　　）
更适合我要教的语言点（　　　）　更适合我要练的语言技能（　　　）
操作更便利（　　　）

38 美味厨房

活动目标

能谈论与询问制作食品的操作步骤。

活动准备

1. 复印活动页 第244、245页 的各类食品原料图片，按虚线裁剪下来。 **复印份数＝班级学生数**
2. 复习相关词汇。

洗 削 切 剁 倒 片 块 丝 蒸 炒 拍 盛
煎 烧 煮 炖 烤 翻 拌 末儿 皮 炒锅 铲子 盘子

想想看，这些词语可分为哪几类？还有哪些词语可用？哪些句型还需要准备？

活动步骤

1. 教师将相同的食品图片放在一起，供每个学生挑选原料。
2. 每个学生挑选自己想做的一道中国菜所需要的原料，思考一下制作过程，必要的话，可以将制作步骤简单记录在原料图片的背面。
3. 每个学生告诉全班自己要做什么菜，按顺序展示原料图片并描述你的烹饪过程。
4. 全班投票选出3—5道“最美味的菜”。
5. 布置课下作业，写一篇短文，介绍如何做一盘美味的中国菜。

你打算让学生口头投票还是举手表决？或者采取其他投票方式？为什么？

活动提示

如果班级人数较多，也可以分组进行本活动。

活动拓展

1. 让学生写一篇短文，介绍如何制作本国的特色食品。
2. 由教师口头指示步骤，带领学生一起包饺子。

语言技能	听	说	读	写
语言要素	语音	汉字	词汇	语法
组织形式	单人	双人	小组	全班
适合水平	初	中	高	
教学对象	儿童	青少年	大学生	成人

这个活动练习了哪些内容？请勾出来。

设计优化贴

根据我的________________，这个活动可以做如下改进：

活动目标：

练习项目：

步骤调整：

改进后效果： 更适合我们班学生的年龄（　　　）　更适合我们班的水平（　　　）
更适合我要教的语言点（　　　）　更适合我要练的语言技能（　　　）
操作更便利（　　　）

话题范围

婚姻 · 家庭结构（双亲家庭、单亲家庭）· 家庭成员 · 家庭称谓 · 家长同子女的沟通与理解（代沟）· 家庭活动 · 家庭计划 · 养老 · 家庭财务管理 · 家务琐事 等

我的设计我做主

看完上面的活动实例，我想我可以设计更多有关家庭生活的活动。

活 动 1：______________________

目　　标：______________________

内　　容：______________________

____

____

练习项目：______________________

____

____

注意事项：______________________

____

活 动 2：______________________

目　　标：______________________

内　　容：______________________

____

____

练习项目：______________________

____

____

注意事项：______________________

____

文化娱乐

话题范围

体育项目 · 国际比赛 · 地区比赛 · 俱乐部活动 · 游戏 · 电影 · 电视 · 美术 · 音乐 · 舞蹈 · 戏曲 · 戏剧 · 体育活动 · 周末娱乐活动 · 各种爱好（读书、听音乐、集邮）等

你的活动我预测

本部分主要包含下面几个活动实例，你认为它们能练习哪些语言项目？可采取什么样的组织形式？

活动名称	活动内容	可练习的语言项目	可使用的组织形式	页码
39. 我是主角	制作京剧脸谱，根据不同脸谱代表的人物性格排练一段戏剧。			88
40. 贴墙花	制作剪纸，贴在墙报上。			90
41. 名画赏析	给全班介绍一幅名画，分享欣赏感受。			92
42. 影视配音	小组合作，为一段影视剧配音。			94

39 我是主角

活动目标

了解和体验中国京剧。

活动准备

1. 准备活动页 第246页 的彩色京剧脸谱。
2. 复印活动页 第247—250页 的空白脸谱。 复印份数=班级学生人数
3. 准备彩笔、线绳、剪刀。

活动步骤

1. 向学生简要介绍京剧，并展示京剧脸谱图片，介绍京剧中的不同角色及其特点。
2. 发给每个学生一套空白脸谱，让他们根据个人喜好选择一张，给脸谱涂上颜色，然后互相向同伴介绍自己设计的脸谱的人物性格。
3. 教师将全班分成2—3组，每组根据角色及其性格自创一段京剧，表演给大家。让学生表演时最好把自己的脸谱穿线带在脸上。

活动提示

1. 可以根据学生的水平，适当地介绍一些京剧人物，如曹操、关公、包拯、杨贵妃、孙悟空等。
2. 学生排戏时教师应给予适当的指导和帮助。

京剧介绍

京剧是中国的国剧，是一种优美的艺术形式。京剧中有四种角色——生：男性人物；旦：女性人物；净：性格豪爽的男性；丑：幽默机智或阴险狡猾的男性。

京剧中的角色各有不同的服装道具和表演动作，画着不同的脸谱。脸谱上红色代表忠实，黄色代表狂野，蓝色代表勇敢，绿色代表莽撞，白色代表阴险，黑色代表正直，金银色代表神仙和鬼怪。

京剧是一种唱、念、做、打并重的艺术，伴有二胡等中国传统乐器伴奏。

学唱中国歌《说唱脸谱》。

《说唱脸谱》歌词

蓝脸的窦尔敦盗御马，红脸的关公战长沙。黄脸的典韦，白脸的曹操，黑脸的张飞叫喳喳。

语言技能 听 说 读 写

语言要素 语音 汉字 词汇 语法

组织形式 单人 双人 小组 全班

适合水平 初 中 高

教学对象 儿童 青少年 大学生 成人

活动拓展

这个活动练习了哪些内容？请勾出来。

设计优化贴

根据我的＿＿＿＿＿＿＿＿＿＿，这个活动可以做如下改进：

活动目标：

练习项目：

步骤调整：

改进后效果： 更适合我们班学生的年龄（　　　）　更适合我们班的水平（　　　）

更适合我要教的语言点（　　　）　更适合我要练的语言技能（　　　）

操作更便利（　　　）

40 贴墙花

活动目标

了解和体验中国剪纸。

活动准备

1. 准备活动页 第251页 的剪纸及其简介。 复印份数=1
2. 用红纸复印活动页 第252—254页 的剪纸图样。 复印份数=班级人数
3. 准备多把剪刀，双面胶或胶水、水彩笔等。

活动步骤

1. 向学生简要介绍中国剪纸，展示图片，介绍不同图样的含义和制作步骤。
2. 发给每人一套剪纸图样。学生两人一组，选择自己喜欢的图样，互相帮助，理解制作步骤的指令并剪出自己的作品。
3. 收集全班的剪纸作品设计成墙报，可以让每个学生为自己的剪纸作品配上介绍文字。

活动提示

1. 当学生剪纸时，教师应给予适当的指导和帮助。
2. 帮助学生学习操作指令中的祈使句。
3. 学生可以再剪一个图样送给朋友或家人。
4. 教师也可以让学生用白纸剪出自己设计的图样，再用水彩笔上色，会出现很不同的剪纸效果。

中国剪纸

中国剪纸是中国民间流行的美术形式之一，在表现形式上体现了全面、美化、吉祥的特征。剪纸可用于装饰、点缀墙壁、门窗、房柱、镜子、灯和灯笼等，也可以作为礼品包装点缀。剪纸作品也可以作为礼物赠送他人。

语言技能	听	说	读	写
语言要素	语音	汉字	词汇	语法
组织形式	单人	双人	小组	全班
适合水平	初	中	高	
教学对象	儿童	青少年	大学生	成人

这个活动练习了哪些内容？请勾出来。

设计优化贴

根据我的＿＿＿＿＿＿＿＿＿＿＿＿，这个活动可以做如下改进：

活动目标：

练习项目：

步骤调整：

改进后效果： 更适合我们班学生的年龄（　　　）　更适合我们班的水平（　　　）
更适合我要教的语言点（　　　）　更适合我要练的语言技能（　　　）
操作更便利（　　　）

41 名画赏析

活动目标 赏析名画，描述画作内容，陈述故事。

活动准备

1. 课前让每个学生准备一张自己最喜欢的名画复制品或照片带到课堂上。
2. 复印活动页 第255页 的“问题提示单”。 **复印份数＝班级学生数**

活动步骤

1. 活动开始前，教师可以展示一幅中国名画，并进行介绍示范。
2. 学生3—4人一组，根据介绍单提示，互相介绍自己所带来的名画。在介绍时，请其他同学传阅、欣赏这幅画。同伴可以对自己感兴趣的话题进行提问。
3. 小组内还可以对自己所选的名画与老师所讲的画作进行比较，分享一下你们的感受。

活动拓展 对于中高级学习者，教师可以让学生课后写一篇“我最喜欢的画”作文，要求字数150字左右。然后把学生所选的名画和作文收集起来，举办一次名画展览，或者制作一个墙报展示。

水墨画

水墨画被视为中国传统绘画（国画）的代表。基本的水墨画仅用水和墨作画，用水墨的浓淡变化表现色的层次变化。水墨画也有彩墨画的形式，多以工笔花鸟画为主，色彩缤纷。

水墨画的作画工具是“笔墨纸砚”，也就是“文房四宝”。

欣赏水墨画要带着丰富的想象力，因此水墨画善于表现似像非像的物象特征，所以欣赏时要注重体会画作的意境。

语言技能	听	说	读	写
语言要素	语音	汉字	词汇	语法
组织形式	单人	双人	小组	全班
适合水平	初	中	高	
教学对象	儿童	青少年	大学生	成人

这个活动练习了哪些内容？请勾出来。

设计优化贴

根据我的__________________，这个活动可以做如下改进：

活动目标：

练习项目：

步骤调整：

改进后效果： 更适合我们班学生的年龄（　　　） 更适合我们班的水平（　　　）
更适合我要教的语言点（　　　） 更适合我要练的语言技能（　　　）
操作更便利（　　　）

42 影视配音

活动目标 能根据交际情境，模仿地道的表达方式，表达情感。

活动准备

1. 根据学生水平，准备一段3—5分钟的中国影视剧片段，片段中有3—4个角色。
2. 复印下列“影视记录单”。 复印份数＝班级学生数/4

活动步骤

1. 学生3—4人一组，发给每组一份“影视记录单”。
2. 教师播放2遍原音影片，请每组同学记录台词并理解各角色之间的关系和各自的情绪。
3. 填写“影视记录单”把没记下来的台词补充完整。
4. 小组内分配角色先排演一遍，再给全班表演。看看哪组表演得最形象、最有趣。
5. 最后再播放一遍原声影片，看看哪组的表演最接近原版。

影视记录单

1. 主要角色有：A ＿＿＿＿＿＿ B ＿＿＿＿＿＿ C ＿＿＿＿＿＿ D ＿＿＿＿＿＿

   他们的性格/情绪：

2. 影片内容主要关于：

3. 每个人的台词

   A:

   B:

   C:

   D:

活动提示

1. 如果有时间，可以给全班播放一遍完整的影片或整集电视剧，适当地介绍影片创作的背景和所涉及的文化。
2. 活动中可以评选出每个角色的最佳配音奖及最佳配音小组。

活动拓展

1. 可以组织学生排演这段影视剧。
2. 可以让学生根据自己的想象和这段影视剧内容，续写后面发生的故事，要求字数在200字左右。

语言技能	听	说	读	写	适合水平	初	中	高	
语言要素	语音	汉字	词汇	语法	教学对象	儿童	青少年	大学生	成人
组织形式	单人	双人	小组	全班					

这个活动练习了哪些内容？请勾出来。

设计优化贴

根据我的____________，这个活动可以做如下改进：

活动目标：

练习项目：

步骤调整：

改进后效果： 更适合我们班学生的年龄（　　）　更适合我们班的水平（　　）
更适合我要教的语言点（　　）　更适合我要练的语言技能（　　）
操作更便利（　　）

话题范围

体育项目・国际比赛・地区比赛・俱乐部活动・游戏・电影・电视・美术・音乐・舞蹈・戏曲・戏剧・体育活动・周末娱乐活动・各种爱好（读书、听音乐、集邮）等

我的设计我做主

看完上面的活动实例，我想我可以设计更多有关文化娱乐的活动。

活动 1：______

目　　标：______

内　　容：______

练习项目：______

注意事项：______

活动 2：______

目　　标：______

内　　容：______

练习项目：______

注意事项：______

节日活动

话题范围

节日介绍 · 各民族的节日 · 文化节日 · 个人纪念日 · 节日的比较 等

你的活动我预测

本部分主要包含下面几个活动实例，你认为它们能练习哪些语言项目？可采取什么样的组织形式？

活动名称	活动内容	可练习的语言项目	可使用的组织形式	页码
43. 贴春联	写春联，选出写得最好的春联。			98
44. 中国的节日	了解中国传统节日，标在年历上。			100
45. 恭喜恭喜	学唱《恭喜恭喜》，向其他人行抱拳礼。			102
46. 牛郎和织女	看图写故事，比较与其他组的故事有什么异同。			104

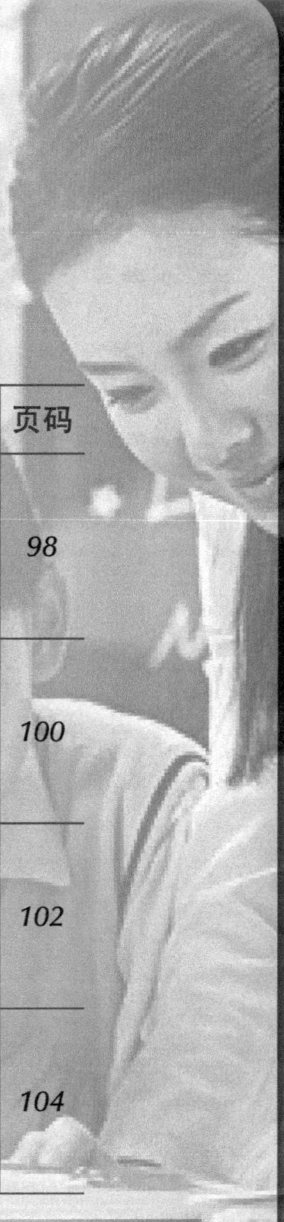

43 贴春联

试试把“福”倒贴的图片展示给学生，问问学生倒着的“福”怎么写？

活动目标

了解中国春节贴春联的习俗。

活动准备

1. 用红纸复印活动页 **第256页** 的春联示例。 复印份数＝1
2. 用红纸复印活动页 **第257页** 的空白春联。 复印份数＝班级学生数

活动步骤

1. 带领学生认读春联示例，并解释每个春联含义和寓意。
2. 让学生练习写春联。
3. 全班评选出写得最好的春联，在过春节时贴在班级的门上。

活动提示

1. 告诉学生可以把写好的春联贴在文具上或者书上，也可以当书签。
2. 对于中高级水平学习者，教师可以让学生自己发挥创作，写一副自己的春联。

活动拓展

教师可以准备大张的红纸、笔墨等，让学生体验写毛笔字，给学生展示写春联的过程。注意写之前要把红纸裁成适当的尺寸，把红纸叠出方格后再动笔写。

春联

春联也叫做对联、对子等，是一种在春节时使用的传统装饰物，一般贴在墙上或门上，以增加节日的喜庆气氛。人们把贺年的吉祥语用漂亮的书法写在红纸上，抒发美好的愿望。春联的文字工整、简洁、精巧。

语言技能	听	说	读	写
语言要素	语音	汉字	词汇	语法
组织形式	单人	双人	小组	全班
适合水平	初	中	高	
教学对象	儿童	青少年	大学生	成人

这个活动练习了哪些内容？请勾出来。

设计优化贴

根据我的____________________，这个活动可以做如下改进：

活动目标：

练习项目：

步骤调整：

改进后效果： 更适合我们班学生的年龄（　　） 更适合我们班的水平（　　）
更适合我要教的语言点（　　） 更适合我要练的语言技能（　　）
操作更便利（　　）

44 中国的节日

活动目标 了解中国节日文化。

活动准备

1. 一张中文版的全年日历，上面既要有阳历日期，也要有阴历日期。
2. 复习相关词汇。

想想看，还有哪些中国的节日？

春节　元宵节　清明节　端午节　七夕节　国庆节　中秋节　重阳节　元旦节

活动步骤

1. 让学生采用咨询、查阅、分享等方法，找出今年中国所有主要节日的时间，谁找得最全面，谁就是获胜者。
2. 在学生获得有关中国节日的信息后，教师拿出准备好的年历，让学生按照所学的节日在年历上圈出相应的日期，并在旁边写出节日的名称。

活动提示 这个活动可以在课上完成，也可以课后完成。如果在课上做，可以给学生提供一些关于传统节日的资料。

活动拓展

1. 让学生查询某个节日的详细情况，然后写一篇短文，要求字数不少于150字。
2. 让每个学生阅读一本有关中国节日的书，了解更多中国的节日文化。

语言技能	听	说	读	写
语言要素	语音	汉字	词汇	语法
组织形式	单人	双人	小组	全班
适合水平	初	中	高	
教学对象	儿童	青少年	大学生	成人

这个活动练习了哪些内容？请勾出来。

设计优化贴

根据我的＿＿＿＿＿＿＿＿，这个活动可以做如下改进：

活动目标：

练习项目：

步骤调整：

改进后效果： 更适合我们班学生的年龄（　　） 更适合我们班的水平（　　）
更适合我要教的语言点（　　） 更适合我要练的语言技能（　　）
操作更便利（　　）

45 恭喜恭喜

活动目标　了解和体验中国歌曲。

活动准备　复印活动页 第258页 的《恭喜恭喜》歌谱。复印份数＝班级学生数

活动步骤

1. 发给每人一张歌谱，简要介绍这首中国歌和歌词的含义。
2. 教学生学唱《恭喜恭喜》。
3. 当学生唱到：“恭喜恭喜恭喜你呀，恭喜恭喜恭喜你”时，让学生行抱拳礼，向旁边的同学道喜。

活动提示

1. 如果条件允许，教师可以在课上先播放一遍《恭喜恭喜》歌曲，告诉学生在中国一般都在什么场合播放这首歌。
2. 可以请擅长音乐的老师或学生将歌谱改编为多个声部。

语言技能	听	说	读	写
语言要素	语音	汉字	词汇	语法
组织形式	单人	双人	小组	全班
适合水平	初	中	高	
教学对象	儿童	青少年	大学生	成人

这个活动练习了哪些内容？请勾出来。

设计优化贴

根据我的____________，这个活动可以做如下改进：

活动目标：

练习项目：

步骤调整：

改进后效果： 更适合我们班学生的年龄（　　） 更适合我们班的水平（　　）
更适合我要教的语言点（　　） 更适合我要练的语言技能（　　）
操作更便利（　　）

46 牛郎和织女

活动目标 了解七夕节的故事。

活动准备 复印活动页 第259页 的故事图片。 复印份数=4

活动步骤

1. 将学生分为3—4个小组，发给每组一套故事图片，让学生发挥想象，看图编故事，为每幅图写1—2句话。
2. 让每组合作把本组编的故事讲给全班听，听听每组的故事有什么不同。
3. 教师把整个“牛郎和织女”的传统故事讲给大家听，哪组讲的故事与教师的最接近，哪组获胜。

活动提示 活动前应先告诉学生故事里的男主角叫“牛郎”，女主角叫“织女”，并说明他们为什么叫这个名字。

活动拓展

1. 可以告诉学生：“如果王母娘娘没有把织女抓回去，牛郎和织女可以天天生活在一起，这样的话他们之间又会发生什么故事呢？”让学生据此继续编故事。
2. 可以让学生根据这个故事排演一幕“牛郎和织女的故事”。

语言技能	听	说	读	写
语言要素	语音	汉字	词汇	语法
组织形式	单人	双人	小组	全班
适合水平	初	中	高	
教学对象	儿童	青少年	大学生	成人

这个活动练习了哪些内容？请勾出来。

设计优化贴

根据我的＿＿＿＿＿＿＿＿＿＿，这个活动可以做如下改进：

活动目标：

练习项目：

步骤调整：

改进后效果： 更适合我们班学生的年龄（　　）　更适合我们班的水平（　　）
更适合我要教的语言点（　　）　更适合我要练的语言技能（　　）
操作更便利（　　）

话题范围

节日介绍·各民族的节日·文化节日·个人纪念日·节日的比较等

我的设计我做主

看完上面的活动实例，我想我可以设计更多有关节日活动的活动。

活 动 1：________________________

目　　标：________________________

内　　容：________________________

____

____

____

练习项目：________________________

____

____

____

注意事项：________________________

____

活 动 2：________________________

目　　标：________________________

内　　容：________________________

____

____

____

练习项目：________________________

____

____

____

注意事项：________________________

____

身心健康

话题范围

健康（生理、心理）· 健康意识 · 运动 · 食物 · 饮食习惯 · 过敏食品 · 个人卫生 · 中医西医 · 健康的生活态度 · 良好的人际关系 · 餐桌文化 · 教育与教养 · 对健康的认识 等

你的活动我预测

本部分主要包含下面几个活动实例，你认为它们能练习哪些语言项目？可采取什么样的组织形式？

活动名称	活动内容	可练习的语言项目	可使用的组织形式	页码
47. 健康食谱	采访同伴前一天的饮食，选出最健康食谱。			*108*
48. 排解压力	看图片，为压力事件排序，提出缓解压力的建议。			*110*
49. 猜猜我在做什么？	一人做动作表演词语内容，同伴根据动作猜词语。			*112*
50. 健康歌	学唱《健康歌》片段。			*114*

47 健康食谱

活动目标

能表达食物名称和菜名，正确使用量词，了解健康的营养搭配习惯。

活动准备

1. 复印活动页 第260页 的“食物金字塔”图片。 **复印份数=班级学生数**
2. 复印活动页 第261页 的“饮食记录单”。 **复印份数=班级学生数/4**
3. 复习相关量词。

杯　个　碗　根　片　份　张　只　块　盘　棵

想想看，还有哪些词语可用？哪些句型还需要准备？

活动步骤

1. 教师将“食物金字塔”图片发给每个学生，展示和讲解图片内容，要求学生把食物词汇填入空白金字塔上相应的类别中。
2. 学生3—4人一组，发给每组一份“饮食记录单”，让他们互相采访，了解同伴前一天早、中、晚饭的情况，列出食谱，填入表格。
3. 各组讨论其成员的食谱，评选出最健康的早、中、晚饭，并说明理由，向全班汇报，其他组可以提问。

活动扩展

请学生谈谈本国一日三餐的饮食习惯或特色食品，写作或口述均可。

语言技能	听	说	读	写
语言要素	语音	汉字	词汇	语法
组织形式	单人	双人	小组	全班
适合水平	初	中	高	
教学对象	儿童	青少年	大学生	成人

这个活动练习了哪些内容？请勾出来。

设计优化贴

根据我的＿＿＿＿＿＿＿＿＿＿，这个活动可以做如下改进：

活动目标：

练习项目：

步骤调整：

改进后效果： 更适合我们班学生的年龄（　　　）　更适合我们班的水平（　　　）
更适合我要教的语言点（　　　）　更适合我要练的语言技能（　　　）
操作更便利（　　　）

48 排解压力

活动目标 能够理解并陈述压力产生的原因，提出缓解压力的建议。

活动准备

1. 复印活动页 第262页 的图片。 复印份数=班级学生数
2. 复习相关句型。

我建议……
他应该……
他可以……
尽量避免……
他最好（不要）……
他不妨……
不要……

想想看，还有哪些句型可用？哪些词语需要准备？

活动步骤

1. 发给每个学生一套图片，让他们写1—2句话来描述每件事情，并给这5件事情按压力大小排序。
2. 学生两人一组，比较对压力事件的排列顺序，说明自己的原因，再说说还有哪些产生压力的事情。
3. 全班统计，哪件事件压力最大。
4. 每人为解决这件事情写出3条缓解压力的建议，全班讨论。

你知道吗？在表达建议时，汉语的"最好"、"应该"与英语的"had better"与"should"怎么对应？

活动扩展 可以让学生课后整理一下缓解压力的建议，然后全班汇总在一起，办一次解压小窍门的墙报。

语言技能	听	说	读	写
语言要素	语音	汉字	词汇	语法
组织形式	单人	双人	小组	全班
适合水平	初	中	高	
教学对象	儿童	青少年	大学生	成人

这个活动练习了哪些内容？请勾出来。

设计优化贴

根据我的＿＿＿＿＿＿＿＿＿＿，这个活动可以做如下改进：

活动目标：

练习项目：

步骤调整：

改进后效果： 更适合我们班学生的年龄（　　　）　更适合我们班的水平（　　　）
更适合我要教的语言点（　　　）　更适合我要练的语言技能（　　　）
操作更便利（　　　）

49 猜猜我在做什么？

活动目标　能使用爱好和休闲生活的常用表达。

活动准备

1. 制作词语卡片，卡片大小以学生能看清楚为宜。
2. 复习相关词汇。

想想看，这些词语可分为哪几类？还有哪些词语可用？哪些句型需要准备？

打太极拳	打乒乓球	打篮球	打羽毛球	踢足球	打网球	滑雪	滑冰	看电视	跑步
唱歌	打扫房间	弹吉他	旅游	弹钢琴	散步	游泳	跳舞	爬山	画画儿
听音乐	练书法	种花儿	拉二胡	购物	聊天儿	写书法	唱京剧	骑自行车	
看小说	喝茶	吹笛子	打游戏	钓鱼	露营	做饭			

活动步骤

1. 学生3—4人一组，每组选一个学生与教师面对面站立，看教师手里的词语卡片，给同伴们做动作，表演词语内容。同伴背对教师站立，根据动作猜词语，猜对了得一分，不会的词语可以跳过，跳过的词语和猜错的词语不得分。其他组观察并监督活动，讨论自己组的动作表演方式。
2. 在规定的时间里，哪组得分多，哪组获胜。活动中任何人不许说出这个词语，否则罚分。

这个活动除了练词语还可以训练什么语言项目？

1. 根据学生水平，教师可以让做动作的同学一边做动作，一边描述词语内容，同伴也可以提问，但表演的学生不能说出这个词语里的任何一个字。
2. 可以根据学生水平，给词语加拼音。
3. 活动结束后，教师可以带领学生再复习一遍卡片上的所有词语。

语言技能	听	说	读	写
语言要素	语音	汉字	词汇	语法
组织形式	单人	双人	小组	全班
适合水平	初	中	高	
教学对象	儿童	青少年	大学生	成人

活动提示

这个活动练习了哪些内容？请勾出来。

设计优化贴

根据我的________________，这个活动可以做如下改进：

活动目标：

练习项目：

步骤调整：

改进后效果： 更适合我们班学生的年龄（　　　） 更适合我们班的水平（　　　）
更适合我要教的语言点（　　　） 更适合我要练的语言技能（　　　）
操作更便利（　　　）

50 健康歌

网络上有动画版，也有真人版的《健康歌》MV。哪个更适合你的教学对象？

活动目标 体验中国歌曲，将歌曲和健康的生活方式结合起来。

活动准备 复印下列《健康歌》的歌谱。 复印份数=班级学生数

活动步骤

1. 发给每人一张歌谱，简要介绍这首中国歌和歌词的含义。
2. 带领学生学唱《健康歌》。
3. 可以让学生一边唱一边加入相应的动作。

jiàn kāng gē

健康歌

语言技能	听	说	读	写
语言要素	语音	汉字	词汇	语法
组织形式	单人	双人	小组	全班
适合水平	初	中	高	
教学对象	儿童	青少年	大学生	成人

这个活动练习了哪些内容？请勾出来。

设计优化贴

根据我的__________________，这个活动可以做如下改进：

活动目标：

练习项目：

步骤调整：

改进后效果： 更适合我们班学生的年龄（　　）　更适合我们班的水平（　　）
更适合我要教的语言点（　　）　更适合我要练的语言技能（　　）
操作更便利（　　）

话题范围

健康（生理、心理）· 健康意识 · 运动 · 食物 · 饮食习惯 · 过敏食品 · 个人卫生 · 中医 西医 · 健康的生活态度 · 良好的人际关系 · 餐桌文化 · 教育与教养 · 对健康的认识 等

我的设计我做主

看完上面的活动实例，我想我可以设计更多有关身心健康的活动。

活 动 1：______

目 标：______

内 容：______

______

______

______

练习项目：______

______

______

______

注意事项：______

______

活 动 2：______

目 标：______

内 容：______

______

______

______

练习项目：______

______

______

______

注意事项：______

______

习俗与禁忌

话题范围

年龄 · 收入 · 婚姻状况 · 健康状况 · 宗教信仰 · 政治面貌 · 带有文化色彩的颜色和数字 · 不同文化中对隐私忌讳的差异和忌讳 等

你的活动我预测

本部分主要包含下面几个活动实例，你认为它们能练习哪些语言项目？可采取什么样的组织形式？

活动名称	51. 不能说4	52. 各国禁忌须知道
活动内容	全班按顺序数数，跳过4和带4的数字以及4的倍数。	根据描述，猜猜被描述的文化禁忌是哪个国家的。
可练习的语言项目		
可使用的组织形式		
页码	*118*	*120*

51 不能说4

活动目标 了解中国人对数字的禁忌。

活动准备 清理教室空间，让全班学生围坐在一起。

活动步骤

1. 让学生说说在自己本国的文化中，哪些数字是人们比较忌讳的，并说明原因。
2. 教师介绍在中国文化中带有文化色彩的数字，如8的谐音是“发”，被认为是比较吉利的数字；4的发音与“死”相近，一般比较忌讳。
3. 让全班学生按顺序从1开始数数，碰到4、带4的数字以及4的倍数时，不能说数字而是要拍手代替。数错的同学要唱首中文歌或讲个汉语故事、笑话后再继续。

活动提示 教师可以逐步加大难度，让碰到4、带4的数字以及4的倍数的同学都不能说数字，而是拍手代替。

语言技能	听	说	读	写
语言要素	语音	汉字	词汇	语法
组织形式	单人	双人	小组	全班
适合水平	初	中	高	
教学对象	儿童	青少年	大学生	成人

这个活动练习了哪些内容？请勾出来。

设计优化贴

根据我的＿＿＿＿＿＿＿＿＿＿，这个活动可以做如下改进：

活动目标：

练习项目：

步骤调整：

改进后效果： 更适合我们班学生的年龄（　　　）　更适合我们班的水平（　　　）

更适合我要教的语言点（　　　）　更适合我要练的语言技能（　　　）

操作更便利（　　　）

52 各国禁忌须知道

活动目标 了解不同国家、不同文化的禁忌，能用汉语表达出来。

活动准备 准备一些较大的空白纸条，发给学生记录用。

活动步骤

1. 把全班学生按国别分组，如美国组、日本组等。也可以把文化相近的学生分在一组，如欧洲组。发给每组几张记录纸条。
2. 各组讨论本组国家的文化禁忌，由一个学生做记录，写在纸条上交给教师。
3. 由教师读出任意一张纸上的禁忌，让学生猜猜这是哪个国家或哪种文化的禁忌，猜对的组得一分。如果猜对的组还能说出禁忌的原因，可以得两分；如果说不出原因，请写这条禁忌的学生给出解释。

想想看，如果文化禁忌内容太多怎么办？如果学生都来自同一个国家怎么办？

活动提示 这个活动更适合国际班的学生。

活动拓展 每个组做一张介绍本组国家有关禁忌的宣传海报，配上图片和文字。

语言技能	听	说	读	写
语言要素	语音	汉字	词汇	语法
组织形式	单人	双人	小组	全班
适合水平	初	中	高	
教学对象	儿童	青少年	大学生	成人

这个活动练习了哪些内容？请勾出来。

设计优化贴

根据我的__________________，这个活动可以做如下改进：

活动目标：

练习项目：

步骤调整：

改进后效果： 更适合我们班学生的年龄（　　　）　更适合我们班的水平（　　　）
更适合我要教的语言点（　　　）　更适合我要练的语言技能（　　　）
操作更便利（　　　）

话题范围

年龄 · 收入 · 婚姻状况 · 健康状况 · 宗教信仰 · 政治面貌 · 带有文化色彩的颜色和数字 · 不同文化中对隐私忌讳的差异和忌讳 等

我的设计我做主

看完上面的活动实例，我想我可以设计更多有关习俗与禁忌的活动。

活 动 1：________________

目　　标：________________

内　　容：________________

练习项目：________________

注意事项：________________

活 动 2：________________

目　　标：________________

内　　容：________________

练习项目：________________

注意事项：________________

旅游与交通

话题范围

时间·数字·旅馆·时刻表·问路·看地图·交通标记·交通工具·方向·距离·法制·规定·违法行为 等

你的活动我预测

本部分主要包含下面几个活动实例，你认为它们能练习哪些语言项目？可采取什么样的组织形式？

活动名称	活动内容	可练习的语言项目	可使用的组织形式	页码
53. 从上海到北京的省钱经	调查并说明两个城市间最经济实惠的交通方式。			124
54. 你选择哪家旅行社？	进行旅游咨询，选择最满意的旅行社。			126
55. 最……的地方	调查同伴的旅行经历。			128
56. 北京一日游	在规定的情境中，制订北京一日游的行程。			130
57. 怎么走？	一人蒙住眼睛，根据同伴的指路找到任意摆放在教室里的杯子。			132
58. 整理行装	根据特定目的地的情况，准备行装并说明理由。			134
59. 失物招领	向同学描述失物特征，找回失物。			136

53 从上海到北京的省钱经

活动目标 能描述如何使用各种交通工具，会初步辩论。

活动情境 你在北京上学，你的朋友马克随全家到上海旅游，他想去北京探望你，但他带的钱不多。

活动准备 让学生在课前调查，从上海去北京有哪些方式，每种方式所花的费用等。

活动步骤

1. 介绍活动情境，让学生根据自己的调查结果总结得出从上海去北京最经济实惠的交通方式。
2. 展开讨论，题目是：从上海到北京最经济的方式是什么？每个学生要先说明自己的观点，还要说出理由来支持自己的观点。
3. 全班投票选出最合理的一个方案。

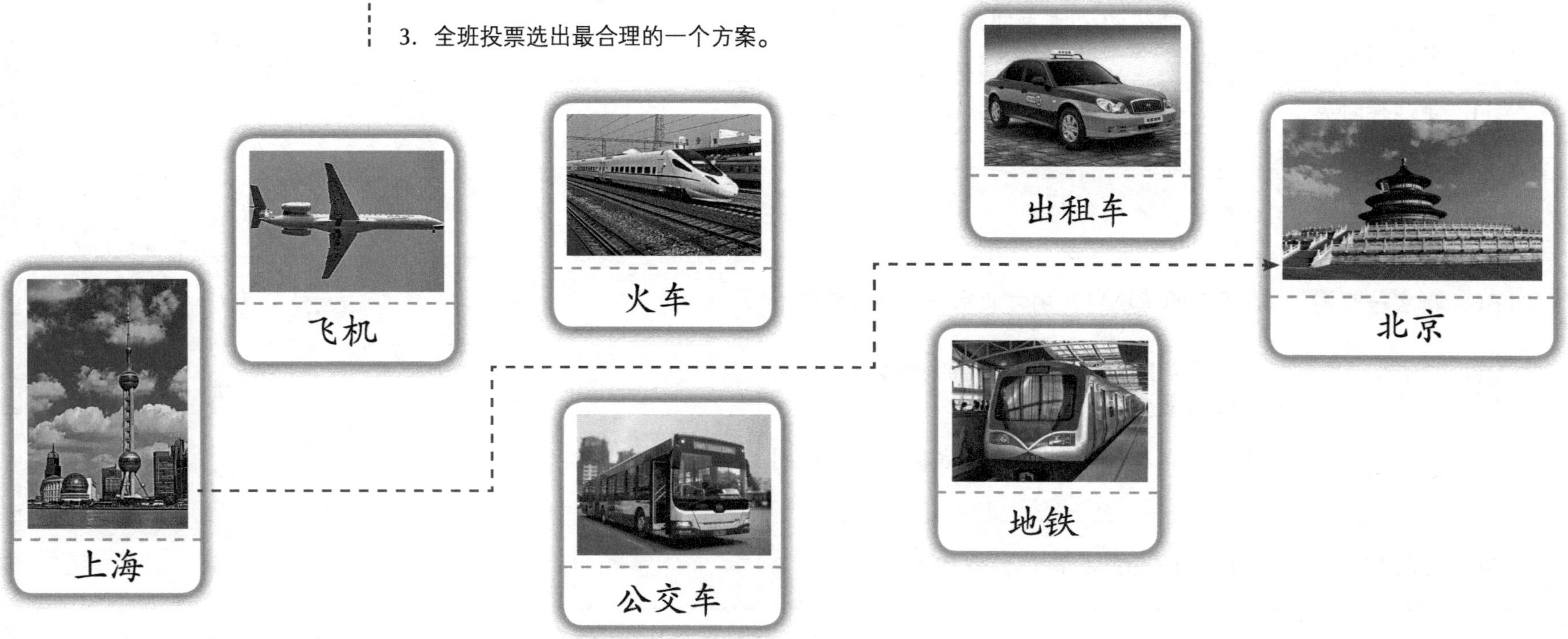

活动提示

1. 教师也可以将地点换成学生们最熟悉的两个城市。
2. 如果班级人数较多，也可以改成小组讨论。

活动拓展

1. 让每个学生课后将评选出来的“从上海到北京最经济的方式”写成一封发给马克的邮件，发给教师。
2. 可以将话题扩展讨论最舒适的交通方式、最环保的交通方式等。

语言技能	听	说	读	写	适合水平	初	中	高	
语言要素	语音	汉字	词汇	语法	教学对象	儿童	青少年	大学生	成人
组织形式	单人	双人	小组	全班					

这个活动练习了哪些内容？请勾出来。

设计优化贴

根据我的____________，这个活动可以做如下改进：

活动目标：

练习项目：

步骤调整：

改进后效果： 更适合我们班学生的年龄（　　）　更适合我们班的水平（　　）
更适合我要教的语言点（　　）　更适合我要练的语言技能（　　）
操作更便利（　　）

54 你选择哪家旅行社？

活动目标 能做旅行计划和景点介绍，学会做简单的旅行咨询。

活动准备 将教室里的桌椅摆放成展台的形式，并提前为学生准备宣传用的白板或硬纸板、彩笔、胶水等。

活动步骤

1. 将学生分为2—3个旅行社组和1个顾客组。
2. 每个旅行社组就是一个旅行公司，主要任务是准备旅游目的地的行程安排、宣传海报和景点简介等；顾客组的任务是扮成游客去各个旅行社小组做旅游咨询。
3. 让顾客组在不同旅行社之间比较，最终做出选择，并说明选择理由。

> 想想看，怎么给顾客组布置任务才能使他们不仅仅当“看客”？

活动提示

1. 要提醒旅行社组的成员，每个人都要有分工，分别负责设计旅行线路、制订日程安排、组织景点介绍和设计宣传海报等，小组里的每个人都要说话，各司其职。
2. 要提醒顾客组的学生必须精心准备咨询问题，并且在最后陈述理由时既要说出最好的旅行社的优点，还要说出不选其他旅行社的理由，比如景点介绍有误或不够清楚，行程安排不合理等。这样保证每个学生都必须进行思考和交流。
3. 教师可以鼓励旅行社组的学生在宣传板上多做文章，比如起个有吸引力的标题，或者打出如“魅力中国游”的标语等，总之尽力让学生发挥想象力和创造力。

活动拓展 让学生写出自己选择旅行社的标准，要求字数在200字左右。

语言技能	听	说	读	写
语言要素	语音	汉字	词汇	语法
组织形式	单人	双人	小组	全班
适合水平	初	中	高	
教学对象	儿童	青少年	大学生	成人

这个活动练习了哪些内容？请勾出来。

设计优化贴

根据我的＿＿＿＿＿＿＿＿＿＿，这个活动可以做如下改进：

活动目标：

练习项目：

步骤调整：

改进后效果： 更适合我们班学生的年龄（　　）　更适合我们班的水平（　　）
更适合我要教的语言点（　　）　更适合我要练的语言技能（　　）
操作更便利（　　）

55 最·· ··的地方

活动目标 能向他人描述或询问旅行经历。

活动准备 复印下列“问题单”。 复印份数=班级学生数

活动步骤

1. 教师发给每人一份“问题单”，让学生回答问卷上的问题，并写下自己的答案。
2. 学生两人一组，互相提问，了解并记录同伴的旅游经历。

问 题 单

问题	我	同伴
1. 你去过的最热的地方是哪里？		
2. 你去过的最冷的地方是哪里？		
3. 你去过的最让人兴奋的地方是哪里？		
4. 你去过的最贵的地方是哪里？		
5. 你去过的最让人惊奇的地方是哪里？		
6. 你去过的人最多的地方是哪里？		
7. 你去过的最安静的地方是哪里？		
8. 你去过的最吵闹的地方是哪里？		
9. 你去过的最危险的地方是哪里？		
10. 你去过的最好玩的地方是哪里？		

语言技能	听	说	读	写
语言要素	语音	汉字	词汇	语法
组织形式	单人	双人	小组	全班
适合水平	初	中	高	
教学对象	儿童	青少年	大学生	成人

这个活动练习了哪些内容？请勾出来。

设计优化贴

根据我的________________，这个活动可以做如下改进：

活动目标：

练习项目：

步骤调整：

改进后效果： 更适合我们班学生的年龄（　　）　更适合我们班的水平（　　）
更适合我要教的语言点（　　）　更适合我要练的语言技能（　　）
操作更便利（　　）

56 北京一日游

活动目标 能设计旅行计划，并口头描述出来。

活动准备

1. 复印活动页 第263页 的图片。 **复印份数=班级学生数/2**
2. 复习相关词汇。

> 想想看，这些词语可分为哪几类？还有哪些词语可用？哪些句型需要准备？

开车　前往　买票　走路　参观　换　机场　景点　十字路口　停车场　公交车站

活动情境 两人结伴同行开展“北京一日游”。早晨8点，你们到达了北京国际机场，但必须在晚上8点之前再回到机场。你们有一辆能自己驾驶的汽车，油箱是满的。你们每人身上只有100元人民币。

活动步骤

1. 向学生描述活动情境，让学生两人一组，发给每组一张北京景点的图片。让每对学生根据兴趣决定去哪里参观，按照所需花费列出一个旅行计划。
2. 每对学生向全班汇报本组的旅行计划，然后全班就每组计划的异同点进行讨论，看谁的计划安排得最好。

活动提示 可以结合实际所在城市或教学情况选择其他城市进行一日游，如广州、上海、昆明等。

活动拓展 可以把活动改编为“中国十日游”，向学生提供航班表、火车时刻表和中国著名的景点，让学生设计旅行计划。

语言技能	听	说	读	写
语言要素	语音	汉字	词汇	语法
组织形式	单人	双人	小组	全班
适合水平	初	中	高	
教学对象	儿童	青少年	大学生	成人

这个活动练习了哪些内容？请勾出来。

设计优化贴

根据我的________________，这个活动可以做如下改进：

活动目标：

练习项目：

步骤调整：

改进后效果： 更适合我们班学生的年龄（　　　）　更适合我们班的水平（　　　）
更适合我要教的语言点（　　　）　更适合我要练的语言技能（　　　）
操作更便利（　　　）

57 怎么走？

活动目标

能熟练使用问路和指路的相关表达。

活动准备

想想看，还有哪些词语可用？还有哪些句型需要准备？

1. 清理教室空间，方便学生来回走动。再搬两张桌子，并排摆放在教室的一侧。
2. 准备白、蓝两种颜色的纸杯，按杯子颜色分别摆放在两张桌子上。杯子总数是班级人数的一半，两种颜色的杯子各一半。如学生人数为12人，杯子总数为6个，3个白色的，3个蓝色的。
3. 复习相关词汇和句型。

前　后　左　右　上　下　里面
外面　旁边　对面　附近

在……吗？
往……走，到……向……拐。

活动步骤

1. 将全班学生分成两组，白杯组和蓝杯组。小组内，每两个学生搭成伙伴。每组学生按顺序站在自己组的桌子后面。
2. 每对伙伴中，一个同学蒙上眼睛，留在原地；另一个同学拿起对方颜色的杯子藏在教室的任意位置。当所有杯子都放好后，回到自己同伴身边，准备导路，帮助同伴找到自己组颜色的杯子，并统一放回到自己组的桌子上。
3. 找杯子的过程中，蒙眼的同学只可以问“怎么走？”；指路的同学不能肢体接触蒙眼的同伴，只能用汉语告诉同伴杯子在哪儿，发出诸如“直走”、“右转”等指令。
4. 每组中只有当一对同学找到并放回杯子，下一对才能开始找下一个杯子。
5. 教师发令“开始”并计时，用最短的时间找到并放回全部杯子的小组获胜。

活动提示

1. 教师要适时提醒游戏规则。

2. 如果班级人数较多，也可分成3—4组。
3. 提醒学生指路者不可以用手触碰或牵引同伴，否则要受罚。
4. 告诉学生不能使用母语，否则也要受罚。

活动拓展

给每个学生指定一个学校周围的目的地，以学校大门为出发点，让学生说出怎样走才能到达目的地。

这个活动练习了哪些内容？请勾出来。

语言技能	听	说	读	写	适合水平	初	中	高	
语言要素	语音	汉字	词汇	语法	教学对象	儿童	青少年	大学生	成人
组织形式	单人	双人	小组	全班					

设计优化贴

根据我的__________________，这个活动可以做如下改进：

活动目标：

练习项目：

步骤调整：

改进后效果： 更适合我们班学生的年龄（　　） 更适合我们班的水平（　　）
更适合我要教的语言点（　　） 更适合我要练的语言技能（　　）
操作更便利（　　）

58 整理行装

活动目标 掌握有关旅行用品的词汇。

活动情境 假定全班明天要去拉萨旅游，计划去程先坐火车、再坐汽车，返程坐飞机。拉萨地处高原、日照强烈，容易引发高原反应。

活动步骤
1. 告诉学生活动情境，让每个学生把旅行时需要携带的物品用汉语列出来，不会写的汉字可以写拼音、查字典或问老师。
2. 教师指定几个学生宣读一下自己写的“旅行清单”，其他同学可以提问。
3. 全班评选出最简单行装、最实用行装、最沉重行装、最昂贵行装等。

如果你在国外教学，你怎样选择活动情境？

活动提示 教师可以在活动之后补充一些有关西藏的地理、气候、风土人情、旅行经验等方面的知识。

语言技能	听	说	读	写
语言要素	语音	汉字	词汇	语法
组织形式	单人	双人	小组	全班
适合水平	初	中	高	
教学对象	儿童	青少年	大学生	成人

这个活动练习了哪些内容？请勾出来。

设计优化贴

根据我的______________，这个活动可以做如下改进：

活动目标：

练习项目：

步骤调整：

改进后效果： 更适合我们班学生的年龄（ ） 更适合我们班的水平（ ）
更适合我要教的语言点（ ） 更适合我要练的语言技能（ ）
操作更便利（ ）

59 失物招领

活动目标　能够详细描述物品特征，了解应如何找到丢失的物品。

活动准备　复印活动页 **第264页** 的图片，按虚线剪成卡片；或者自己准备一些相应的照片。 **复印份数＝1**

活动步骤

1. 让全班2/3的学生扮演游客，1/3的学生扮演失物招领处的工作人员。
2. 先把图片发给扮演游客的学生，每人一张图片，让他们仔细观察这些图画，图片上的物品就是他们每人需要找到的失物。
3. 把图片收回来，再分给扮演失物招领处工作人员的学生，每人1—2张卡片作为失物招领处保存的物品。
4. 丢失物品的游客向失物招领处的工作人员描述自己遗失的物品，如果该工作人员有其遗失的物品，则把物品还给这名游客；如果没有，游客要继续询问其他的工作人员，直到找到失物为止。

活动提示

1. 可以给每名游客3幅失物的图画，比赛谁先将遗失的物品全部找回。
2. 如果班级人数较多，教师可以根据学生水平再补充一些图片。

活动拓展　课后可以让扮演遗失物品的学生写“寻物启事”，让扮演失物招领处工作人员的学生写“失物招领”。

语言技能	听	说	读	写
语言要素	语音	汉字	词汇	语法
组织形式	单人	双人	小组	全班
适合水平	初	中	高	
教学对象	儿童	青少年	大学生	成人

这个活动练习了哪些内容？请勾出来。

设计优化贴

根据我的________________，这个活动可以做如下改进：

活动目标：

练习项目：

步骤调整：

改进后效果： 更适合我们班学生的年龄（　　） 更适合我们班的水平（　　）
更适合我要教的语言点（　　） 更适合我要练的语言技能（　　）
操作更便利（　　）

话题范围

时间・数字・旅馆・时刻表・问路・看地图・交通标记・交通工具・方向・距离・法制・规定・违法行为 等

我的设计我做主

看完上面的活动实例，我想我可以设计更多有关旅游与交通的活动。

活 动 1：______

目　　标：______

内　　容：______

______

______

______

练习项目：______

______

______

______

注意事项：______

______

活 动 2：______

目　　标：______

内　　容：______

______

______

______

练习项目：______

______

______

______

注意事项：______

______

语言与文化

话题范围

语言学习策略·语言学习对社会、个人的好处·语言学习的困难·语言和文化的关系·传统思维方式·用多元眼光看事物·了解中国文化并加强对所在国文化的理解 等

你的活动我预测

本部分主要包含下面几个活动实例，你认为它们能练习哪些语言项目？可采取什么样的组织形式？

活动名称	活动内容	可练习的语言项目	可使用的组织形式	页码
60. 我的座右铭	讨论一些中国的名言警句。			140
61. 猜灯谜	制作灯笼，贴灯谜，猜灯谜，猜中者获奖。			142
62. 一起包饺子	查阅并描述饺子的制作过程。			144
63. 买礼物	向同伴咨询，商量去他/她的国家应该给家人、朋友买的礼物。			146
64. 我的祖国	向全班介绍自己的国家和文化。			148
65. 文化跳棋	玩跳棋，回答棋盘上的文化问题。			150

60 我的座右铭

活动目标 了解中国一些著名的名言警句，理解它们的含义。

活动准备 复印活动页 第265、266页 的名言警句和空白书签，按虚线裁剪下来。 **复印份数=班级学生数/4**

活动步骤

1. 学生3—4人一组，发给每组一套名言警句和空白书签，让学生一起讨论它们的含义。
2. 每组轮流读出自己最喜欢的名言警句，说出对它的理解，其他同学可以提问或讨论。
3. 每个学生选择一句名言警句作为自己的座右铭，动手写在空白书签上，可以夹在书里当书签，或者可以贴在自己的文具盒上、挂在房间里。

活动提示 学生可以查字典或上网查找信息。

活动拓展 让学生思考本国有无类似谚语，比较其母语文化与中华文化间的差异。

语言技能	听	说	读	写
语言要素	语音	汉字	词汇	语法
组织形式	单人	双人	小组	全班
适合水平	初	中	高	
教学对象	儿童	青少年	大学生	成人

这个活动练习了哪些内容？请勾出来。

设计优化贴

根据我的____________，这个活动可以做如下改进：

活动目标：

练习项目：

步骤调整：

改进后效果： 更适合我们班学生的年龄（　　）　更适合我们班的水平（　　）
更适合我要教的语言点（　　）　更适合我要练的语言技能（　　）
操作更便利（　　）

61 猜灯谜

活动目标 了解中国元宵节猜灯谜的文化传统。

活动准备

1. 复印活动页 第267页 的灯笼制作示意图，并准备红纸。 复印份数=班级学生数
2. 复印活动页 第268、269页 的灯谜，按虚线裁剪下来。 复印份数=1
3. 准备10个纸杯，每个纸杯上编号1—10。
4. 空白纸条、剪刀、彩笔、胶带。

灯谜答案

1. 面条	2. 雨伞	3. 算盘	4. 耳朵	5. 荷花
6. 蒜	7. 筷子	8. 熊猫	9. 灯笼	10. 花生

活动步骤

1. 向学生简要介绍元宵节的习俗。
2. 发给每个学生一张灯笼的制作示意图，请他们根据指令做灯笼，可以画上一些自己喜欢的图案。
3. 全班选出设计最漂亮的10个灯笼交给教师，教师把灯谜贴在灯笼上。
4. 让学生在规定时间内猜灯谜，把名字和答案写在纸条上投进相应编号的杯子里。
5. 学生归坐，教师带学生大声朗读灯谜，并说出相应的答案。教师在杯子里抽出一张纸条，如果纸条上的答案正确，该学生就能获得奖品。

活动提示 可以根据学生水平再增加或减少几个灯谜，也可以给学生一些母语提示。

元宵节

农历正月十五元宵节，是中国的传统节日之一。正月是农历的元月，古人称夜为“宵”，正月十五日是一年中第一个月圆之夜，所以称正月十五为“元宵节”。人们对此加以庆祝，也是庆贺新春的延续。按中国民间的传统，在这个皓月高悬的夜晚，人们要点起彩灯万盏，以示庆贺。出门赏月、燃放焰火、喜猜灯谜、共吃元宵，合家团聚是元宵节的传统庆祝方式。

语言技能	听	说	读	写
语言要素	语音	汉字	词汇	语法
组织形式	单人	双人	小组	全班
适合水平	初	中	高	
教学对象	儿童	青少年	大学生	成人

这个活动练习了哪些内容？请勾出来。

设计优化贴

根据我的________________，这个活动可以做如下改进：

活动目标：

练习项目：

步骤调整：

改进后效果： 更适合我们班学生的年龄（　　） 更适合我们班的水平（　　）
更适合我要教的语言点（　　） 更适合我要练的语言技能（　　）
操作更便利（　　）

62 一起包饺子

活动目标 了解中国传统食品饺子，能顺利描述饺子的制作过程。

从语法角度考虑，你觉得这个活动适合练习哪些语言点？

活动准备

1. 课前让学生上网查找一些关于饺子制作过程的介绍。
2. 复习相关词汇和句型。

想想看，这些词语可分为哪几类？还有哪些词语可用？哪些句型需要准备？

葱	姜	蒜	白菜	韭菜	猪肉馅	
虾仁	味精	盐	酱油	香油	面粉	
水	面团	面饼	醋	搅拌	揉	挤
压	搓	切	擀	煮	捞	蘸

"把"字句 主语+把+宾语+动词+补语/宾语+（了）

先……，然后……，再……，最后……

活动步骤

1. 将全班分为4组："饺子馅组"、"饺子皮组"、"包饺子组"和"煮饺子组"，分别负责调查饺子馅的原料和调制+过程、饺子皮的制作过程、包饺子的过程、煮饺子过程和吃饺子用的调料。
2. 每个小组选出代表向全班汇报各自的制作过程。

活动提示

1. 注意纠正学生的错误句子。
2. 如果有条件的话，可以按照分组真正包一次饺子，或者带学生到中餐馆去尝尝饺子。

活动拓展 分组把各自的制作过程写成一段话，配上相关图片，全班按制作顺序写出一套完整的包饺子过程，做成墙报展示。

语言技能	听	说	读	写
语言要素	语音	汉字	词汇	语法
组织形式	单人	双人	小组	全班
适合水平	初	中	高	
教学对象	儿童	青少年	大学生	成人

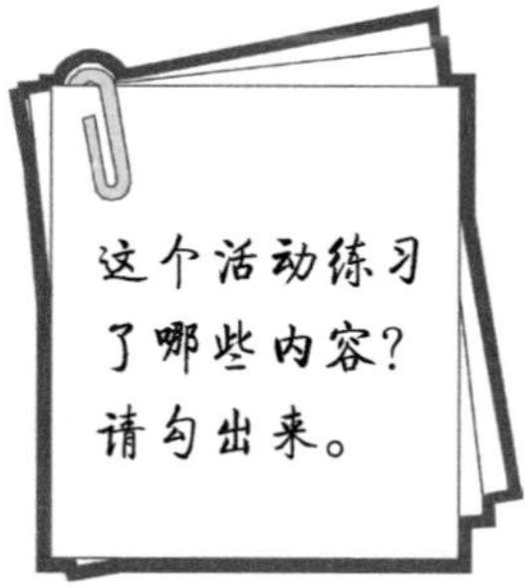

设计优化贴

根据我的______________，这个活动可以做如下改进：

活动目标：

练习项目：

步骤调整：

改进后效果： 更适合我们班学生的年龄（　　）　更适合我们班的水平（　　）
更适合我要教的语言点（　　）　更适合我要练的语言技能（　　）
操作更便利（　　）

63 买礼物

活动目标 能谈论自己的计划和打算，并说明理由，了解其他国家的特产。

活动准备 复印活动页 第270页 的“礼物单”。 复印份数=班级学生数/2

活动情境 王小春要去你们国家旅行，她准备回国时给父亲、母亲、哥哥、好朋友小丽和自己的男朋友每人带一件礼物。这些礼物最好是有你们国家的特色。请帮她计划一下，分别给每个人买什么礼物最合适。

活动步骤

1. 学生两人一组，讨论应该给每个人买什么礼物，价格是多少，并说明选这种礼物的理由，把讨论内容简单记录在表格中。
2. 每组向全班报告讨论结果，其他组可以提问。

活动提示 活动前可以向学生展示一些有中国特色的礼品，给他们一些启示。

中国结

茶壶

扇子

珍珠

语言技能	听	说	读	写
语言要素	语音	汉字	词汇	语法
组织形式	单人	双人	小组	全班
适合水平	初	中	高	
教学对象	儿童	青少年	大学生	成人

这个活动练习了哪些内容？请勾出来。

设计优化贴

根据我的＿＿＿＿＿＿＿＿＿＿，这个活动可以做如下改进：

活动目标：

练习项目：

步骤调整：

改进后效果： 更适合我们班学生的年龄（　　　）　更适合我们班的水平（　　　）
更适合我要教的语言点（　　　）　更适合我要练的语言技能（　　　）
操作更便利（　　　）

64 我的祖国

活动目标 能够用完整的表述介绍自己国家的文化。

活动准备 课前把下列问题写在黑/白板上，提示学生按此逐题回答，完成陈述。

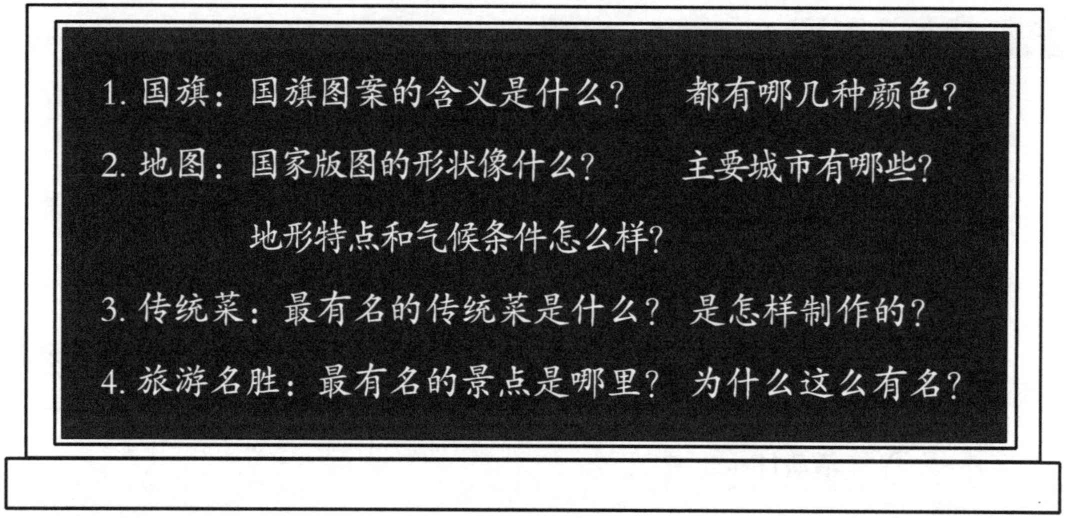

活动步骤

1. 根据国别把学生分成不同组别，如美国组、英国组等。小组成员根据黑/白板上的问题查找图片并作出相应的回答，总结做成幻灯片。
2. 每组选一位代表向全班介绍你们国家的情况。其他组可以提问。

活动提示

1. 本活动比较适合国际班的学生。
2. 如果学生都来自同一个国家，也可以以不同地区或城市分组。

如果有条件，可以进行实物展示，如让学生穿上民族服装，带来做好的传统菜肴请同学们品尝。

语言技能	听	说	读	写
语言要素	语音	汉字	词汇	语法
组织形式	单人	双人	小组	全班
适合水平	初	中	高	
教学对象	儿童	青少年	大学生	成人

活动拓展

这个活动练习了哪些内容？请勾出来。

设计优化贴

根据我的__________________，这个活动可以做如下改进：

活动目标：

练习项目：

步骤调整：

改进后效果： 更适合我们班学生的年龄（　　　）　更适合我们班的水平（　　　）
更适合我要教的语言点（　　　）　更适合我要练的语言技能（　　　）
操作更便利（　　　）

65 文化跳棋

活动目标 了解中国历史文化。

活动准备 复印活动页 第271页 的跳棋棋盘。 复印份数=班级学生数/4

活动步骤

1. 将学生分为3—4人一组，发给每组一张跳棋棋盘，让学生用自己的橡皮代替棋子。
2. 说明跳棋的游戏规则，让每个学生在棋盘上任选一角作为自己的行棋区域，在本区域内的最下面一行任选一点作为起点，前进时必须避开地雷，只能选择带有问题的点落棋。小组内每人轮流前进，回答“落棋点”上的问题。只有回答正确才能前进到下一点，回答错误则要待在原地不动。最先到达终点者获胜。
3. 各小组冠军再参加全班竞赛，决出全班冠军。

这个活动练习了哪些内容？请勾出来。

语言技能	听	说	读	写	适合水平	初	中	高	
语言要素	语音	汉字	词汇	语法	教学对象	儿童	青少年	大学生	成人
组织形式	单人	双人	小组	全班					

设计优化贴

根据我的________________，这个活动可以做如下改进：

活动目标：

练习项目：

步骤调整：

改进后效果： 更适合我们班学生的年龄（ ） 更适合我们班的水平（ ）
更适合我要教的语言点（ ） 更适合我要练的语言技能（ ）
操作更便利（ ）

话题范围

语言学习策略 · 语言学习对社会、个人的好处 · 语言学习的困难 · 语言和文化的关系 · 传统思维方式 · 用多元眼光看事物 · 了解中国文化并加强对所在国文化的理解 等

我的设计我做主

看完上面的活动实例，我想我可以设计更多有关语言与文化的活动。

活 动 1：______

目　　标：______

内　　容：______

______

______

______

练习项目：______

______

______

______

注意事项：______

______

活 动 2：______

目　　标：______

内　　容：______

______

______

______

练习项目：______

______

______

______

注意事项：______

______

价值观念

话题范围

价值观比较 · 个人与集体 · 权威与平等 · 竞争与和谐 · 美与丑 · 思想与行动 · 道德观念等

你的活动我预测

本部分主要包含下面几个活动实例，你认为它们能练习哪些语言项目？可采取什么样的组织形式？

活动名称	66. 辩论赛	67. 泰坦尼克号
活动内容	拟定话题，分组进行辩论准备并展开辩论。	为船上的乘客设定身份，讨论哪些乘客应该优先被救。
可练习的语言项目		
可使用的组织形式		
页码	*153*	*154*

66 辩论赛

活动目标

能探讨一些有深度的话题，清楚地表达观点，具有初步的思辨能力。

活动准备

1. 拟定辩论话题，可以涉及“社会、经济、政治、家庭、健康、环保、价值观”等问题。
2. 准备计时器和小铃铛，用来控制每组发言时间。

选择话题时应该注意哪些问题？

活动步骤

1. 将全班分为两组，每组不宜超过5人。如果人数过多，可以分为4组辩论两个话题。每组选出一名组长。组长抽签决定本组的立场，并对组员分工，分别负责搜集资料、整理观点、上场辩论等。
2. 教师宣布规则：正、反方的一辩手陈述观点，每人3分钟；二辩手、三辩手进行攻辩，每人3分钟；然后是自由辩论10分钟，所有组员均可参与；最终双方组长做总结陈词，每人3分钟。
3. 教师点评并宣布比赛结果，选出最佳口才奖、最佳风度奖、最佳才智奖、最佳团队奖等。

语言技能	听	说	读	写	适合水平	初	中	高	
语言要素	语音	汉字	词汇	语法	教学对象	儿童	青少年	大学生	成人
组织形式	单人	双人	小组	全班					

这个活动练习了哪些内容？请勾出来。

设计优化贴

根据我的____________，这个活动可以做如下改进：

活动目标：

练习项目：

步骤调整：

改进后效果：更适合我们班学生的年龄（　　）　更适合我们班的水平（　　）
更适合我要教的语言点（　　）　更适合我要练的语言技能（　　）
操作更便利（　　）

67 泰坦尼克号

活动目标

能表述观点，思考一些有一定深度的社会、道德问题，初步具有按照因果关系组织观点的能力。

活动准备

1. 8张空白卡片。
2. 复习相关句型。

我认为……　　在我看来，……
依我看……　　我的看法是……
我的观点是……

想想看，还有哪些句型可用？

各国或各位学生有不同的价值观念，当他们的价值观念发生冲突时，你会以什么原则来处理？

活动情境

泰坦尼克号即将沉没，船上有8个人，不幸的是救生艇只能装下3个人，这就意味着8个人中只有3个人能获救。那么谁是最需要上救生艇的人呢？

活动步骤

1. 向全班描述故事发生的情境。
2. 请8名同学上台扮演船上的8名乘客，发给每个学生一张空白卡片，让学生在卡片上写出自己假设的身份、是否需要上救生艇及理由。
3. 8名“乘客”根据卡片向全班陈述自己的身份和是否需要上救生艇及理由，其他学生思考和讨论，共同选出3名最应该获救的幸存者。
4. 台下的学生认真听台上的学生发表观点，记录下他们发表观点时所用到的词组、句式，教师负责列在黑/白板上，要求学生用这些句式对台上8名“乘客”学生的表现做出评论。

活动提示

1. 如果时间允许，可以让8名“乘客”对投票结果做出再次申辩，然后再安排一次投票，看看结果会有什么不同。
2. 要确保每个学生都能积极地参与到活动中并有机会表达自己的观点。

语言技能	听	说	读	写
语言要素	语音	汉字	词汇	语法
组织形式	单人	双人	小组	全班
适合水平	初	中	高	
教学对象	儿童	青少年	大学生	成人

这个活动练习了哪些内容？请勾出来。

设计优化贴

根据我的__________，这个活动可以做如下改进：

活动目标：

练习项目：

步骤调整：

改进后效果： 更适合我们班学生的年龄（　　）　更适合我们班的水平（　　）
更适合我要教的语言点（　　）　更适合我要练的语言技能（　　）
操作更便利（　　）

话题范围

价值观比较 · 个人与集体 · 权威与平等 · 竞争与和谐 · 美与丑 · 思想与行动 · 道德观念 等

我的设计我做主

看完上面的活动实例，我想我可以设计更多有关价值观念的活动。

活 动 1：________________

目　　标：________________

内　　容：________________

____

____

____

练习项目：________________

____

____

____

注意事项：________________

____

活 动 2：________________

目　　标：________________

内　　容：________________

____

____

____

练习项目：________________

____

____

____

注意事项：________________

____

文学与艺术

话题范围

审美・意境・意蕴・不同体裁的文学作品（小说、诗歌、散文、报告文学、童话故事等）・不同形式的艺术作品（琴、棋、书、画、摄影、雕塑等），不同国家的文学艺术作品欣赏 等

你的活动我预测

本部分主要包含下面几个活动实例，你认为它们能练习哪些语言项目？可采取什么样的组织形式？

活动名称	68. 辨识名人	69. 中国民乐团
活动内容	根据卡片，描述卡片人物的情况。	为中国传统乐器的名称和图片配对，欣赏中国民乐。
可练习的语言项目		
可使用的组织形式		
页码	158	160

68 辨识名人

活动目标

了解中国的文学与艺术。

活动准备

1. 复印活动页 第272页 的名人图片，按虚线裁剪下来。 复印份数＝1
2. 准备10个黑/白板磁铁。
3. 可以根据班级的情况再寻找一些中国文学和艺术名人的图片。

活动步骤

1. 对图片进行编号，写在背面，并按序号依次将写数字的背面朝上摆放在黑板上。
2. 由一个学生到黑/白板前翻开卡片，说出图片上人物的名字、身份、代表作品等。
3. 如果学生说不上来，可以向其他同学提问的方式来了解这位名人。

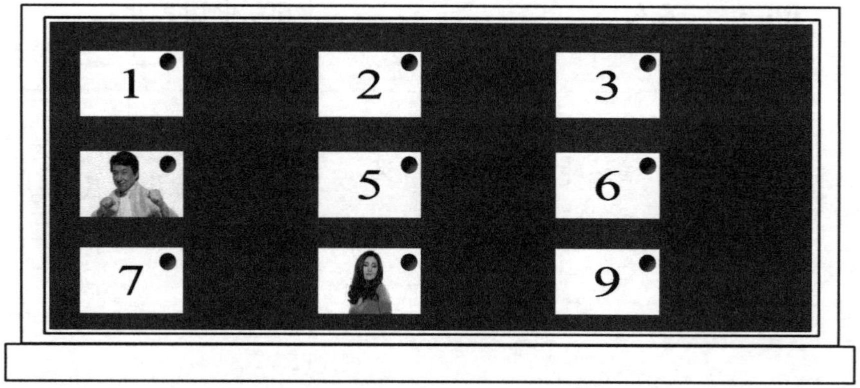

活动提示

可以视实际情况在前一节课将涉及的人物告诉学生，让学生事先做准备。

活动评估

让学生选一个自己感兴趣的中国文化名人，查找资料，写一篇约200字的小传记，介绍这个名人的时代、身份、生平重要事迹或代表作品等。

让学生选一部自己看过的中国作家的作品（可以是译文版本），写一篇200字以上的读后感，下次课上向其他同学介绍这本书。教师可以提前几个星期布置任务让学生做准备。

语言技能	听	说	读	写
语言要素	语音	汉字	词汇	语法
组织形式	单人	双人	小组	全班
适合水平	初	中	高	
教学对象	儿童	青少年	大学生	成人

活动拓展

这个活动练习了哪些内容？请勾出来。

设计优化贴

根据我的＿＿＿＿＿＿＿＿＿＿，这个活动可以做如下改进：

活动目标：

练习项目：

步骤调整：

改进后效果： 更适合我们班学生的年龄（　　　）　更适合我们班的水平（　　　）
更适合我要教的语言点（　　　）　更适合我要练的语言技能（　　　）
操作更便利（　　　）

69 中国民乐团

活动目标 了解中国传统乐器和欣赏中国经典民乐。

活动准备

1. 复印活动页 第273页 的中国民族乐器图片。 复印份数＝班级学生数
2. 搜集经典民乐的音频资料，如二胡独奏《二泉映月》，古筝演奏《渔舟唱晚》、葫芦丝演奏《月光下的凤尾竹》等，并了解每个曲目背后的故事。

活动步骤

1. 发给每个学生一张乐器图片，让学生把乐器名称用汉字与相应的乐器图片连线。
2. 播放由不同乐器演奏的音乐，让学生说一说这应该是哪个乐器发出的声音，谈谈这首曲子的意境。
3. 教师借助图片向学生介绍每个曲子的演奏乐器和曲目的背景知识。

活动提示 教师也可以让学生用母语谈论乐曲的意境和感受。

中国民族乐器与西洋乐器虽不相同但也能“和谐共处”。你见过民族乐器与西洋乐器合奏的情形吗？你觉得哪些乐器可以配合起来合奏？

语言技能	听	说	读	写
语言要素	语音	汉字	词汇	语法
组织形式	单人	双人	小组	全班
适合水平	初	中	高	
教学对象	儿童	青少年	大学生	成人

这个活动练习了哪些内容？请勾出来。

设计优化贴

根据我的＿＿＿＿＿＿＿＿＿＿，这个活动可以做如下改进：

活动目标：

练习项目：

步骤调整：

改进后效果： 更适合我们班学生的年龄（　　　）　更适合我们班的水平（　　　）
更适合我要教的语言点（　　　）　更适合我要练的语言技能（　　　）
操作更便利（　　　）

话题范围

审美·意境·意蕴·不同体裁的文学作品（小说、诗歌、散文、报告文学、童话故事等）·不同形式的艺术作品（琴、棋、书、画、摄影、雕塑等）·不同国家的文学艺术作品欣赏 等

我的设计我做主

看完上面的活动实例，我想我可以设计更多有关文学与艺术的活动。

活 动 1：______________________________

目　　标：______________________________

内　　容：______________________________

____

____

____

练习项目：______________________________

____

____

____

注意事项：______________________________

____

活 动 2：______________________________

目　　标：______________________________

内　　容：______________________________

____

____

____

练习项目：______________________________

____

____

____

注意事项：______________________________

____

政治·历史·地理

话题范围

中国政治结构·中国政策·中国外交·中国法律·中国历史·中国地图·中国江河·中国行政区划·中国邻国 等

你的活动我预测

本部分主要包含下面几个活动实例，你认为它们能练习哪些语言项目？可采取什么样的组织形式？

活动名称	70. 历史大转盘	71. 查地图比赛
活动内容	利用转盘玩游戏，看谁更了解中国历史。	利用中国地图让一组学生说地名、一组学生查找，看谁找得快。
可练习的语言项目		
可使用的组织形式		
页码	*164*	*166*

70 历史大转盘

活动目标

了解中国古代历史。

活动准备

1. 复印活动页 第274页 的“历史大转盘”。 **复印份数＝班级人数/2**
2. 剪刀、扣钉。

活动步骤

1. 学生两人一组，发给每组一张活动页，动物制作本组的历史大转盘。
2. 每组的一个学生拨动指针，指针指向哪个朝代，同伴就要说出与这个朝代有关的人物、文物或事件。说对了得一分，说错了或说不出来不得分，提问的学生可以说出答案并得一分。如果两人都回答不出来，把这个朝代名称记下来，后面就不能再把指针拨到这个朝代。各组两人轮流拨指针和问答。
3. 让全班进行交流，每组可以问其他组你们组不了解的朝代，也可以问老师。鼓励学生课后了解更多的中国历史。

想想看，如何才能让学生判断同伴的回答是否正确？

问：请说说秦朝的人和事。

答：秦始皇。/秦始皇是中国的第一个皇帝。

活动提示

1. 如果班级人数比较多，也可以3人一组，那么，复印份数 = 班级人数/3。
2. 教师可以先让一组学生做示范。
3. 根据学生水平不同，问答可以非常简单，也可以略复杂些。鼓励对中国古代历史了解不多的学生利用网络查找信息。

活动拓展

可以举办班级或年级的“中国历史图片展”，让学生查找他们感兴趣的图片并配上说明文字。

语言技能	听	说	读	写
语言要素	语音	汉字	词汇	语法
组织形式	单人	双人	小组	全班
适合水平	初	中	高	
教学对象	儿童	青少年	大学生	成人

这个活动练习了哪些内容？请勾出来。

设计优化贴

根据我的＿＿＿＿＿＿＿＿＿＿，这个活动可以做如下改进：

活动目标：

练习项目：

步骤调整：

改进后效果： 更适合我们班学生的年龄（　　　）　更适合我们班的水平（　　　）
更适合我要教的语言点（　　　）　更适合我要练的语言技能（　　　）
操作更便利（　　　）

71 查地图比赛

假如让你给学生提供参考地点，你会给出哪些？为什么

活动目标 认识和熟悉中国地图，对中国地理有所了解。

活动准备 准备一张较大的中国地图，先让学生熟悉一下。

活动步骤

1. 将地图挂在教室前面，把学生分为3人一组。
2. 小组成员一起查看地图，确定三个地名：一个城市名（如济南）、一座山脉名（如泰山）、一处河流名（如鄱阳湖），搞清楚三个地方的地理位置，记在心里，不要让其他组的成员知道。
3. 每个小组分别说出三个地名让另一个组在地图上查找，如A组说地名，B组查找，B组可以向A组提问。
4. 哪个组查找得最快、最准，哪个组获胜。

活动拓展 中国每个省都有简称，很多城市也有简称，可以让学生课后搜集相关资料，课上相互提问。

这个活动练习了哪些内容？请勾出来。

语言技能：听 说 读 写

适合水平：初 中 高

语言要素：语音 汉字 词汇 语法

教学对象：儿童 青少年 大学生 成人

组织形式：单人 双人 小组 全班

设计优化贴

根据我的________________，这个活动可以做如下改进：

活动目标：

练习项目：

步骤调整：

改进后效果： 更适合我们班学生的年龄（　　　）　更适合我们班的水平（　　　）

更适合我要教的语言点（　　　）　更适合我要练的语言技能（　　　）

操作更便利（　　　）

话题范围

中国政治结构 · 中国政策 · 中国外交 · 中国法律 · 中国历史 · 中国地图 · 中国江河 · 中国行政区划 · 中国邻国 等

我的设计我做主

看完上面的活动实例，我想我可以设计更多有关政治、历史、地理的活动。

活 动 1：______________________

目 标：______________________

内 容：______________________

____

____

____

练习项目：______________________

____

____

____

注意事项：______________________

____

活 动 2：______________________

目 标：______________________

内 容：______________________

____

____

____

练习项目：______________________

____

____

____

注意事项：______________________

____

科学与技术

话题范围

科学知识·科学普及·技术训练 等

你的活动我预测

本部分主要包含下面几个活动实例，你认为它们能练习哪些语言项目？可采取什么样的组织形式？

活动名称	活动内容	可练习的语言项目	可使用的组织形式	页码
72. 四大发明	在图片中找出中国的四大发明，配上文字介绍，讨论它们的贡献。			*169*
73. 媒体代言人	分组调查不同媒体的使用情况，整理、分析信息并向全班汇报。			*170*
74. 算24	利用数字算出结果是24的公式。			*172*

72 四大发明

活动目标

了解中国古代四大发明。

活动准备

复印活动页 第275页 的图片，按虚线裁剪下来。 复印份数＝班级学生数/4

活动步骤

1. 学生3—4人一组，发给每组一套图片，让学生在图片中找出中国的"四大发明"，并将相应的文字写作图片背面，谈谈这四大发明对世界的贡献。
2. 让学生再讨论一下其他图片都是什么东西，有什么用处，试着把名称和基本功能写在图片后面。
3. 带领学生学习这些图片上的内容，讲解每样东西的用途及影响。

语言技能 听 说 读 写　适合水平 初 中 高

语言要素 语音 汉字 词汇 语法　教学对象 儿童 青少年 大学生 成人

组织形式 单人 双人 小组 全班

这个活动练习了哪些内容？请勾出来。

设计优化贴

根据我的____________________，这个活动可以做如下改进：

活动目标：

练习项目：

步骤调整：

改进后效果： 更适合我们班学生的年龄（　　） 更适合我们班的水平（　　）
更适合我要教的语言点（　　） 更适合我要练的语言技能（　　）
操作更便利（　　）

73 媒体代言人

活动目标

学会使用学术用语，设计调查问卷，收集、调查、整理、分析信息。

活动准备

1. 复印活动页 第276页 的媒体图标，逐一裁剪下来。 复印份数=2
2. 在每个图标背面粘上双面胶备用。

活动步骤

1. 将学生分成5组，给每组成员胸前贴上一种媒体图标，表示该组负责调查学生们怎样使用图标的媒体。
2. 给学生10分钟时间，讨论设计一个可以执行的调查问卷。教师应给予及时帮助。
3. 学生到其他组去采访收集信息。
4. 小组成员集体合作，分析、整理收集到的数据。
5. 每组学生共同合作完成报告，并向全班汇报。

想想看，这个活动适合哪个年龄阶段的学生？

活动提示

1. 提示每组学生，他们的报告应涵盖本组的媒体受欢迎 / 不受欢迎的调研结果和产生这种结果的原因分析。
2. 告诉学生要尽量多地采访其他人以收集足够的信息。
3. 鼓励学生在课前对调查策略和报告书写方法进行准备。

活动评估

在调查的基础上，撰写一篇《我们班的同学如何使用……（媒体）》的调查报告，要求字数不少于200字。

语言技能	听	说	读	写
语言要素	语音	汉字	词汇	语法
组织形式	单人	双人	小组	全班
适合水平	初	中	高	
教学对象	儿童	青少年	大学生	成人

这个活动练习了哪些内容？请勾出来。

设计优化贴

根据我的________________，这个活动可以做如下改进：

活动目标：

练习项目：

步骤调整：

改进后效果： 更适合我们班学生的年龄（　　　）　更适合我们班的水平（　　　）
更适合我要教的语言点（　　　）　更适合我要练的语言技能（　　　）
操作更便利（　　　）

74 算 24

活动目标　能熟练地表达算术式。

活动准备

1. 复印活动页 第277页 的数字与符号卡片，并按虚线裁剪下来；或者用扑克牌代替数字卡片，只要学生能够看清数字即可。
2. 用卡片带领学生复习数字、加、减、乘、除、算术式的表达法。

活动步骤

1. 教师可以先做示范，如用1、2、3、4四张卡片，列出1+2=3，3×3=6，6×4=24。.
2. 学生3—4人一组，教师随意摆出任意四张数字卡片，看哪一组可以先算出24，哪组就得一分。
3. 看哪个组得分最多，哪组获胜。

活动提示

1. 活动前教师可以把数学表达公式写在黑/白板上，让学生参考。如图所示。
2. 注意可能会有算不出24的情况出现。

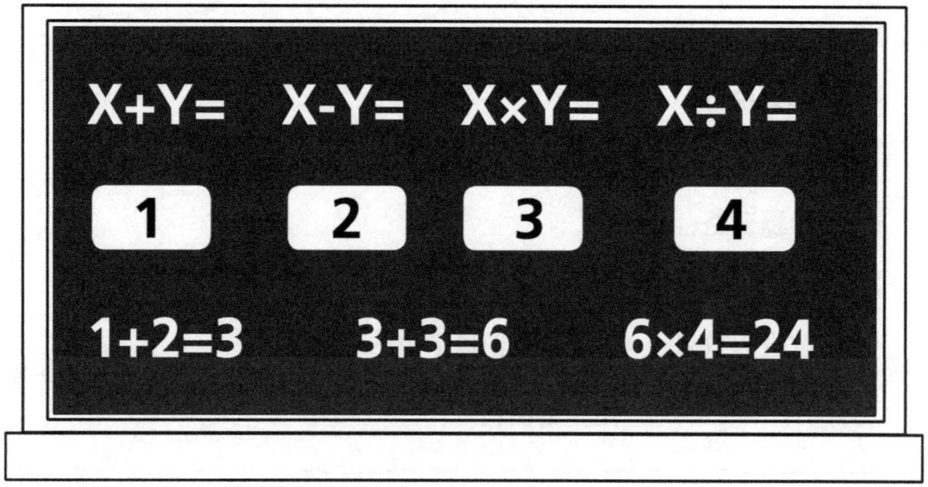

1. 教学生用汉语数“九九乘法口诀”，帮助学生提高运算速度。
2. 向学生演示中国算盘的计算方式。

语言技能	听	说	读	写
语言要素	语音	汉字	词汇	语法
组织形式	单人	双人	小组	全班
适合水平	初	中	高	
教学对象	儿童	青少年	大学生	成人

活动拓展

这个活动练习了哪些内容？请勾出来。

设计优化贴

根据我的____________，这个活动可以做如下改进：

活动目标：

练习项目：

步骤调整：

改进后效果： 更适合我们班学生的年龄（　　） 更适合我们班的水平（　　）
更适合我要教的语言点（　　） 更适合我要练的语言技能（　　）
操作更便利（　　）

话题范围

科学知识・科学普及・技术训练 等

我的设计我做主

看完上面的活动实例，我想我可以设计更多有关科学与技术的活动。

活 动 1：

目　　标：

内　　容：

练习项目：

注意事项：

活 动 2：

目　　标：

内　　容：

练习项目：

注意事项：

全球与环境

话题范围

全球化 · 一个地球一个家 · 保护环境 · 污染 · 能源的使用 · 多种语言教育 等

你的活动我预测

本部分主要包含下面几个活动实例，你认为它们能练习哪些语言项目？可采取什么样的组织形式？

活动名称	75. 世界之最	76. 环保倡议书
活动内容	轮流抽取卡片，将卡片上的句子补充完整。	根据图片调查污染形成的原因，并提出环保建议。
可练习的语言项目		
可使用的组织形式		
页码	*176*	*178*

75 世界之最

活动目标 了解关于世界各国的地理、历史等基本知识。

活动准备 复印活动页 第278页 的卡片，并按虚线裁剪下来。 复印份数=班级人数/2

活动步骤

1. 学生两人一组，发给每组一套卡片。让学生把所有卡片倒扣在桌面上，再打乱顺序摆放。每人抽取相同数量的扑克牌拿在手里，不要让对方看到自己的卡片。
2. 每组的A学生从B学生的卡片里任意抽取一张，朗读卡片上的内容，接着说出一个完整的句子。如果A说出的句子正确，则可放下这张卡片；如果错误，则要放在自己手中。
3. 每组的两人互相轮换抽取对方手中的卡片，直到谁手中的牌全部被抽完则获胜。
4. 如果有两个人都不会回答的问题，可以先扣在桌上，留到最后向其他组的同学或向老师请教。
5. 活动结束后，带领学生再复习一遍这些扑克牌上的问题，并公布正确答案。

活动提示

1. 教师可以根据学生的水平自己设计卡片上的问题。
2. 对于初级水平的学习者，不会用汉语回答的问题可以用母语回答，记下来课后问问老师用汉语怎么说。

参考答案

人口最多的国家是中国。	国土面积最大的国家是俄罗斯。
历史最悠久的国家是中国。	使用时间最长的文字是汉字。
最长的河流是尼罗河。	最大的洲是亚洲。
最小的洲是大洋洲。	最高的山峰是珠穆朗玛峰。
最高的高原是青藏高原。	最大的海洋是太平洋。
四大海洋中面积最小的海洋是北冰洋。	最大的热带雨林是亚马逊雨林。

本活动还可以扩展到“国家之最”、“城市之最”、“学校之最”等话题。

语言技能	听	说	读	写
语言要素	语音	汉字	词汇	语法
组织形式	单人	双人	小组	全班
适合水平	初	中	高	
教学对象	儿童	青少年	大学生	成人

活动拓展

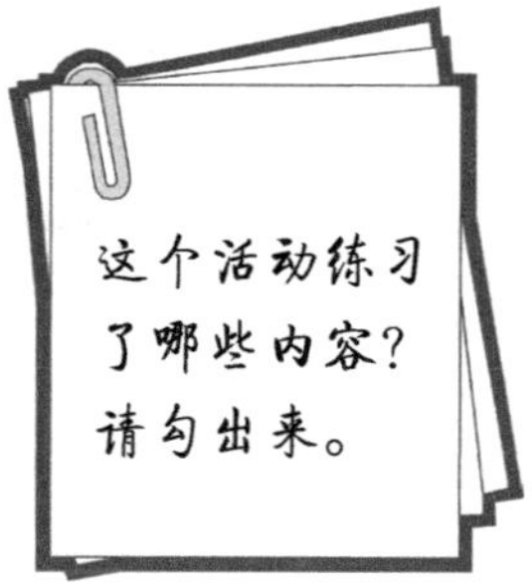

设计优化贴

根据我的____________________，这个活动可以做如下改进：

活动目标：

练习项目：

步骤调整：

改进后效果： 更适合我们班学生的年龄（　　） 更适合我们班的水平（　　）
更适合我要教的语言点（　　） 更适合我要练的语言技能（　　）
操作更便利（　　）

76 环保倡议书

关于环保与污染的词语准备，你会自己准备还是请学生准备？为什么？

活动目标

按逻辑顺序有条理地表述自己的观点，增强环保节能意识。

活动准备

1. 复印活动页 第279页 的图片，按虚线裁剪下来。 复印份数=1
2. 复印活动页 第280页 的“调查表”。 复印份数=4

活动步骤

1. 将班级分成4组，发给每组一张污染图片和一份调查表。
2. 每个小组根据表格中内容讨论本组的图片，讨论分析污染形成的原因并做出反思，看看自己能从哪些小事做起保护环境。
3. 各组汇报讨论结果。

活动拓展

各组制作自己的《环保倡议书》海报，除了要体现课上讨论的内容外还可发挥想象力，配上标语、插图等，张贴在教室中。

语言技能	听	说	读	写	适合水平	初	中	高	
语言要素	语音	汉字	词汇	语法	教学对象	儿童	青少年	大学生	成人
组织形式	单人	双人	小组	全班					

设计优化贴

根据我的______________，这个活动可以做如下改进：

活动目标：

练习项目：

步骤调整：

改进后效果： 更适合我们班学生的年龄（　　　） 更适合我们班的水平（　　　）
更适合我要教的语言点（　　　） 更适合我要练的语言技能（　　　）
操作更便利（　　　）

话题范围

全球化 · 一个地球一个家 · 保护环境 · 污染 · 能源的使用 · 多种语言教育 等

我的设计我做主

看完上面的活动实例，我想我可以设计更多有关全球与环境的活动。

活 动 1：______

目　　标：______

内　　容：______

练习项目：______

注意事项：______

活 动 2：______

目　　标：______

内　　容：______

练习项目：______

注意事项：______

计划与未来

话题范围

意愿与打算 · 希望与愿望 等

你的活动我预测

本部分主要包含下面几个活动实例，你认为它们能练习哪些语言项目？可采取什么样的组织形式？

活动名称	活动内容	可练习的语言项目	可使用的组织形式	页码
77. 开店	小组讨论开店的细节，设计一则广告吸引顾客。			*181*
78. 20年后来相会	设计20年后的“自己”，举办一次化装聚会。			*182*
79. 我的未来选择	根据图片讨论对未来生活方式的选择。			*184*
80. 汉语日	小组策划“汉语日”活动，比较哪组的策划案最好。			*186*

77 开店

活动目标

学会讨论和表达观点，能做简单宣传、策划。

活动步骤

1. 学生3—4人一组，计划一起开店，讨论决定开一个什么样的商店，店名、商品是什么，是实体店还是网店等。
2. 小组中再讨论如何吸引顾客，如何做广告宣传。
3. 让学生为自己的商店做一个广告，可以是海报形式，也可以自己做广告代言人编排电视广告。
4. 每组用自己制作或编排的广告向全班介绍自己的商店。

活动拓展

可以让每个小组设计一则广告语，介绍时先说出广告语，让其他组猜猜你们开的店卖的是什么商品。

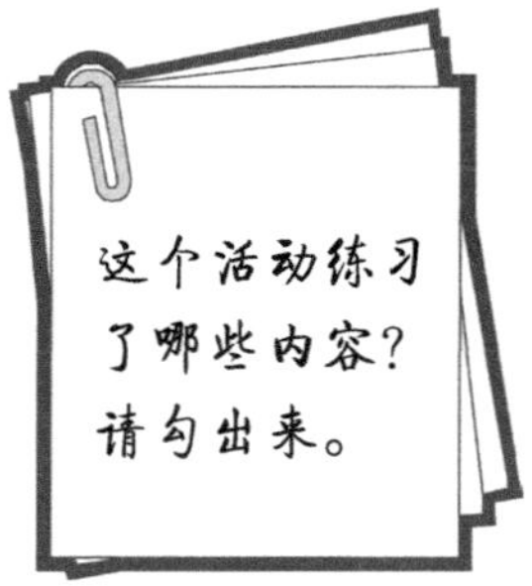

语言技能	听	说	读	写	适合水平	初	中	高
语言要素	语音	汉字	词汇	语法	教学对象	儿童	青少年	大学生	成人
组织形式	单人	双人	小组	全班				

设计优化贴

根据我的________________，这个活动可以做如下改进：

活动目标：

练习项目：

步骤调整：

改进后效果： 更适合我们班学生的年龄（　　）　更适合我们班的水平（　　）
更适合我要教的语言点（　　）　更适合我要练的语言技能（　　）
操作更便利（　　）

78 20年后来相会

活动目标 能描述未来自己的情况，表达对自己的期望，并能为既定目标付出努力。

活动准备 空白卡片和彩笔。 空白卡片数＝班级学生数

活动情境 我们将穿越时空来到20年后的同学聚会。

活动步骤

1. 介绍活动情境，发给每个学生一张空白卡片，让学生想象20年后的自己，用文字描述出来，写在卡片上，也可以在卡片上画出头像。
2. 向全班介绍20年后自己的情况，并展示自己设计的卡片。
3. 收集全班学生做好的卡片，做成墙报集中展示。
4. 举办一次“未来的我”化装聚会，要求学生装扮成自己卡片中描述的样子，互相聊聊大家的“现状”。

1. 教师也要参与到活动中，介绍一下20年后的自己。
2. 聚会要准备一些食物和饮料，还要布置一下聚会场地。

语言技能	听	说	读	写
语言要素	语音	汉字	词汇	语法
组织形式	单人	双人	小组	全班
适合水平	初	中	高	
教学对象	儿童	青少年	大学生	成人

活动提示

这个活动练习了哪些内容？请勾出来。

设计优化贴

根据我的________________，这个活动可以做如下改进：

活动目标：

练习项目：

步骤调整：

改进后效果： 更适合我们班学生的年龄（　　） 更适合我们班的水平（　　）
更适合我要教的语言点（　　） 更适合我要练的语言技能（　　）
操作更便利（　　）

79 我的未来选择

活动目标

学会用汉语表达对未来的思考，讨论现实生活与理想生活间的矛盾。

活动准备

1. 复印活动页 第281页 的图片，按虚线裁剪下来。 复印份数＝1
2. 复习相关词汇。

学生　经理　职员　技术员　工程师　老板
老师　医生　主任　局长　律师　公务员

活动步骤

1. 教师展示四张图片，请学生写出对自己未来的生活方式选择：平淡安逸式，艰辛挑战式。
2. 按学生的选择分组，把选择相同的学生分在同一组，小组内交流观点。
3. 观点不同的两组选出代表进行辩论，小组其他成员可为辩手出主意、写纸条提示。

活动拓展

引导学生比较自己和他人的选择差别，思考哪种人生更有意义。

语言技能	听	说	读	写
语言要素	语音	汉字	词汇	语法
组织形式	单人	双人	小组	全班
适合水平	初	中	高	
教学对象	儿童	青少年	大学生	成人

这个活动练习了哪些内容？请勾出来。

设计优化贴

根据我的＿＿＿＿＿＿＿＿＿＿，这个活动可以做如下改进：

活动目标：

练习项目：

步骤调整：

改进后效果： 更适合我们班学生的年龄（　　　）　更适合我们班的水平（　　　）
更适合我要教的语言点（　　　）　更适合我要练的语言技能（　　　）
操作更便利（　　　）

80 汉语日

活动目标

学会表达计划和实施打算，能够用汉语策划一个活动。

活动步骤

1. 教师宣布本学期要搞一个“汉语日”活动，希望学生一起策划活动内容，要求当日每个人只能说汉语。
2. 学生3—4人一组，分组讨论“汉语日”的活动内容、邀请嘉宾、时间、地点等事宜。
3. 每组代表向全班宣布本组的策划方案，全班讨论决定采用哪个组的方案或以哪个方案为基础进行完善。
4. 让学生动手为汉语日设计一个海报，邀请更多说汉语的人来参加。

活动提示

如果几个小组的方案各有所长，就可以把几个方案综合起来，组成一个更完美的活动策划。

语言技能	听	说	读	写	适合水平	初	中	高	
语言要素	语音	汉字	词汇	语法	教学对象	儿童	青少年	大学生	成人
组织形式	单人	双人	小组	全班					

设计优化贴

根据我的________________，这个活动可以做如下改进：

活动目标：

练习项目：

步骤调整：

改进后效果： 更适合我们班学生的年龄（　　） 更适合我们班的水平（　　）
更适合我要教的语言点（　　） 更适合我要练的语言技能（　　）
操作更便利（　　）

话题范围

意愿与打算 · 希望与愿望 等

我的设计我做主

看完上面的活动实例，我想我可以设计更多有关计划与未来的活动。

活 动 1：______

目　　标：______

内　　容：______

练习项目：______

注意事项：______

活 动 2：______

目　　标：______

内　　容：______

练习项目：______

注意事项：______

热门话题

话题范围

全球变暖 · 自然灾害 · 难民 · 污染 · 毒品 · 时事政治 · 上网 · 战争与和平 等

你的活动我预测

本部分主要包含下面几个活动实例，你认为它们能练习哪些语言项目？可采取什么样的组织形式？

活动名称	81. 惊人的真相	82. 我说，你说，他说……
活动内容	查找资料，了解一些热门话题的事实真相。	A学生讲述一个热点事件，B学生复述，C学生评论。
可练习的语言项目		
可使用的组织形式		
页码	*189*	*190*

81 惊人的真相

活动目标

能了解热门话题，并理解、陈述事实。

活动准备

一张空白海报纸、小纸条、彩笔、胶水。

活动步骤

1. 给学生指定一些热门话题，两人一组查找资料。
2. 发给每组几张小纸条，让学生在查找的话题中找出最惊人的真相，用彩笔把找到的真相写下来，也可以配上图画。
3. 汇总全班的小纸条制作一张标题为“惊人的真相”的海报，让学生将所有小纸条贴在上面，并进行设计和装饰，使之具有吸引力和视觉冲击力，将海报贴在教室的墙上展示。

在活动中，你会给学生指定政治性话题吗？如南海问题、西藏问题等。如果学生涉及此类问题，且产生不同意见，你该如何处理？

语言技能	听	说	读	写	适合水平	初	中	高
语言要素	语音	汉字	词汇	语法	教学对象	儿童	青少年	大学生	成人
组织形式	单人	双人	小组	全班				

这个活动练习了哪些内容？请勾出来。

设计优化贴

根据我的__________________，这个活动可以做如下改进：

活动目标：

练习项目：

步骤调整：

改进后效果： 更适合我们班学生的年龄（　　　）　更适合我们班的水平（　　　）

更适合我要教的语言点（　　　）　更适合我要练的语言技能（　　　）

操作更便利（　　　）

82 我说，你说，他说……

活动目标 学会复述和评论他人说过的话。

活动准备 课前要求学生提前准备讲述一件最近发生的热点事件。

活动步骤

1. 学生3人一组。每组内，A学生讲述准备好的一件事，时间不超过5分钟，B学生和C学生仔细听，必要时记笔记。
2. B学生尽可能准确地复述刚听到的故事。A学生和C学生认真听他/她的复述。
3. C学生评价B学生的复述，主要从复述的评价完整程度、准确程度方面评价。C学生可向A学生提问来检验B学生的复述是否准确，但A学生不要随便打断C学生的评价。
4. 小组内相互交换角色，再开展活动。

想想看，如果B学生的复述时间过长怎么办？过短怎么办？如果B学生对C学生的评价不满意你该怎么办？

活动提示 教师考虑选用本活动中学生讲述的一些比较有趣的故事，作为以后课上角色扮演活动的素材。

语言技能	听	说	读	写
语言要素	语音	汉字	词汇	语法
组织形式	单人	双人	小组	全班
适合水平	初	中	高	
教学对象	儿童	青少年	大学生	成人

这个活动练习了哪些内容？请勾出来。

设计优化贴

根据我的____________________，这个活动可以做如下改进：

活动目标：

练习项目：

步骤调整：

改进后效果： 更适合我们班学生的年龄（　　） 更适合我们班的水平（　　）
更适合我要教的语言点（　　） 更适合我要练的语言技能（　　）
操作更便利（　　）

话题范围

全球变暖 · 自然灾害 · 难民 · 污染 · 毒品 · 时事政治 · 上网 · 战争与和平 等

我的设计我做主

看完上面的活动实例，我想我可以设计更多有关热门话题的活动。

活 动 1：

目　　标：

内　　容：

练习项目：

注意事项：

活 动 2：

目　　标：

内　　容：

练习项目：

注意事项：

教育

话题范围

德育 · 智育 · 体育 · 美育 · 课程 · 教材 · 教育体制 · 教育思想 等

你的活动我预测

本部分主要包含下面几个活动实例，你认为它们能练习哪些语言项目？可采取什么样的组织形式？

活动名称	83. 留学计划	84. 游学中国
活动内容	写邮件，向中国朋友介绍到你的国家留学生活的情况。	设计并介绍自己的“游学中国计划”。
可练习的语言项目		
可使用的组织形式		
页码	194	196

83 留学计划

活动目标 能清楚地表述学校的课程设置、学习和生活情况。

活动准备 复印活动页 第282页 的“调查表”。 复印份数=班级人数/4

活动情境 你的一个中国网友李小明与你同岁，近期将随父母到你所在的城市生活，他从未来过，但希望能到你的学校就读。

活动步骤

1. 介绍情境，将学生3—4人分成一组，发给每组一份“调查表”，让学生讨论一下如何向李小明介绍自己的学校。填写“调查表”上的相关信息，再看看还有哪些关于学校和学习生活的内容需要补充。
2. 每组将讨论结果总结成一封写给李小明的电子邮件，选出一人向全班介绍，其他人可以提问。
3. 教师对每组的邮件进行点评，指出写得比较好的地方，纠正出现的语言错误。

活动拓展 可以将各组的邮件汇总起来，展示在班级墙报上。

语言技能	听	说	读	写
语言要素	语音	汉字	词汇	语法
组织形式	单人	双人	小组	全班
适合水平	初	中	高	
教学对象	儿童	青少年	大学生	成人

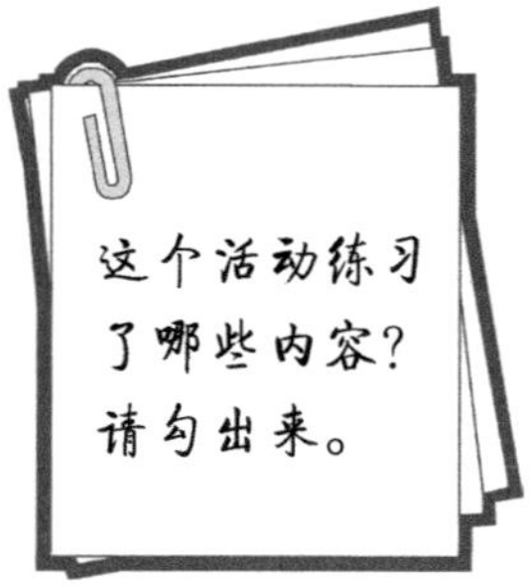

设计优化贴

根据我的____________________，这个活动可以做如下改进：

活动目标：

练习项目：

步骤调整：

改进后效果： 更适合我们班学生的年龄（　　　）　更适合我们班的水平（　　　）
更适合我要教的语言点（　　　）　更适合我要练的语言技能（　　　）
操作更便利（　　　）

84 游学中国

活动目标 能合理地制订学习、旅游计划。

活动准备 1. 请学生事先查找关于中国学校的课程设置、学校特色，以及自己最想去的3个中国城市或旅游景区等。

2. 复印下列“游学计划书”。 **复印份数＝班级学生数**

活动情境 这个假期学校将组织学生到中国游学一个月。每个学生可以自主选择想要游学访问的学校，以及3个城市或旅游景区。

活动步骤 1. 介绍情景，发给每个学生一张复印页，让他们根据自己搜集的资料填写完成自己的“游学中国计划书”。

游学中国计划书

1. 我最想去的学校是________，因为________________________________

2. 游学期间，我希望这样安排我的日常生活：每天早上________点________，下午________点________

3. 我想在中国的学校上________课，因为________________________________

4. 我在________听过/了解到，________（地点）有________，我特别想去________

5. 我在中国最想去的地方是：________、________和________。我打算用________天去________玩______

2. 学生3—4人一组，根据“游学中国计划书”，分别介绍一下自己的计划，并说明这样安排的原因。其他组员可以对介绍学生进行提问。
3. 让每个学生比较一下自己和他人的计划，再根据小组讨论进一步完善自己的“游学中国计划书”。

活动拓展

可以将学生的“游学中国计划书”汇总起来，集中展示在班级墙报上。

这个活动练习了哪些内容？请勾出来。

语言技能	听	说	读	写	适合水平	初	中	高
语言要素	语音	汉字	词汇	语法	教学对象	儿童	青少年	大学生	成人
组织形式	单人	双人	小组	全班				

设计优化贴

根据我的____________，这个活动可以做如下改进：

活动目标：

练习项目：

步骤调整：

改进后效果： 更适合我们班学生的年龄（ ）　更适合我们班的水平（ ）
更适合我要教的语言点（ ）　更适合我要练的语言技能（ ）
操作更便利（ ）

话题范围

德育 · 智育 · 体育 · 美育 · 课程 · 教材 · 教育体制 · 教育思想 等

我的设计我做主

看完上面的活动实例，我想我可以设计更多有关教育的活动。

活动 1：______

目　　标：______

内　　容：______

______

______

______

练习项目：______

______

______

______

注意事项：______

______

活动 2：______

目　　标：______

内　　容：______

______

______

______

练习项目：______

______

______

______

注意事项：______

______

植物与动物

话题范围

花草树木 · 瓜果梨桃 · 飞禽走兽 等

你的活动我预测

本部分主要包含下面几个活动实例，你认为它们能练习哪些语言项目？可采取什么样的组织形式？

活动名称	活动内容	可练习的语言项目	可使用的组织形式	页码
85. 观察日记	为栽种的植物写观察日记，全班举行"花草展"，分享种植经历。			200
86. 动物派对	了解12生肖，算算家人朋友的属相，谈论生肖动物的性格特征。			202
87. 茉莉花	学唱《茉莉花》。			204

85 观察日记

活动目标

能描绘植物的生长过程。

活动准备

1. 准备一些花盆和植物的种子，如牵牛花、生菜、草莓等。可以问问当地人什么花草比较好养又好看。
2. 复习相关词汇。

种子	花盆	土	日照	浇水	施肥	发芽	生根	长叶	开花	结果	枯萎
打蔫	凋谢	腐烂	修剪	漂亮	香	茂盛	品尝	闻	照看	采摘	观赏

想想看，这些词语可分为哪几类？还有哪些词语可用？哪些句型需要准备？

活动步骤

1. 让学生选择自己喜欢的花草种子，种在花盆里，每天照顾这株植物，观察它的生长变化。
2. 把植物的生长记录下来，做成观察日记。
3. 一段时间后，班里可以搞一次“花草展”，互相分享各自植物的生长日记，并共同评选出全班“最美丽的花”、“最茂盛的草”、“最动人的果实”。

你认为这个活动适合哪个年龄阶段的学生？

活动提示

1. 教师要选择在适合植物生长的季节开展本活动。
2. 学生可以选择把自己的植物种在教室里，在花盆上贴上主人姓名；也可以带回家种植。
3. 让学生定期为花草拍照，并配上文字，留作纪念。

语言技能	听	说	读	写
语言要素	语音	汉字	词汇	语法
组织形式	单人	双人	小组	全班
适合水平	初	中	高	
教学对象	儿童	青少年	大学生	成人

这个活动练习了哪些内容？请勾出来。

设计优化贴

根据我的____________________，这个活动可以做如下改进：

活动目标：

练习项目：

步骤调整：

改进后效果： 更适合我们班学生的年龄（　　） 更适合我们班的水平（　　）
更适合我要教的语言点（　　） 更适合我要练的语言技能（　　）
操作更便利（　　）

86 动物派对

活动目标 掌握12个生肖动物的名称和相关知识。

活动准备 复印活动页 第283页 的图片。 复印份数＝班级学生数

活动步骤

1. 让学生说出图中所有动物的名称，如果学生是小朋友，可以让他们用彩笔给动物涂上自己喜欢的颜色。
2. 告诉学生：“图片上动物们举起的牌子是出生年，在这一年出生的人就是这个属相，看看你是哪个属相？问问你的家人、朋友的出生年份，看看他们的属相是什么？”
3. 让学生将12个形容词与12个动物的性格配对，说说理由。
4. 向学生提问：“有人说，哪个属相年出生的人就会具有那个属相的性格特点，你们觉得准确吗？”

1. 教师可以进一步介绍关于生肖的故事。
2. 如果学生语言水平比较高，可以让学生自己动手查资料，找到关于十二生肖的来历的几种不同说法，包括为什么用这12种动物代表生肖，为什么这样排序等，下次课上向其他人介绍。

活动提示

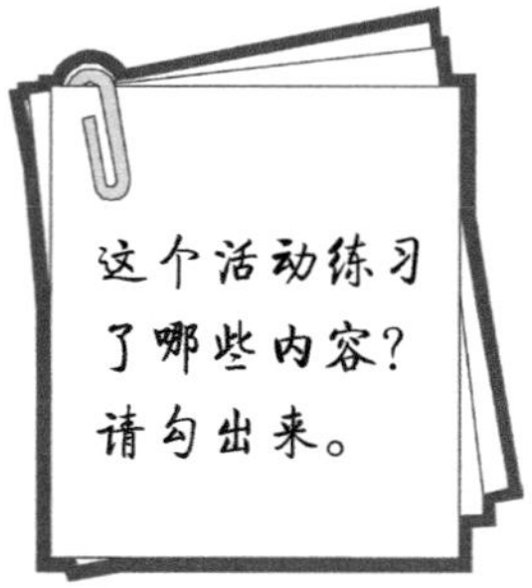

语言技能	听	说	读	写
语言要素	语音	汉字	词汇	语法
组织形式	单人	双人	小组	全班
适合水平	初	中	高	
教学对象	儿童	青少年	大学生	成人

设计优化贴

根据我的________________，这个活动可以做如下改进：

活动目标：

练习项目：

步骤调整：

改进后效果： 更适合我们班学生的年龄（　　） 更适合我们班的水平（　　）
更适合我要教的语言点（　　） 更适合我要练的语言技能（　　）
操作更便利（　　）

87 茉莉花

活动目标　了解和体验中国民族歌曲，理解歌词含义。

活动准备　复印活动页 第284页 的《茉莉花》歌谱。　复印份数＝班级学生数

活动步骤

1. 发给每人一张歌谱，简要介绍这首中国民歌的歌词含义。
2. 学唱《茉莉花》。

活动提示　可以请擅长音乐的老师或学生将歌谱改编为多个声部。

活动拓展

1. 可以让学生欣赏不同版本的《茉莉花》：歌剧《图兰多》中的《茉莉花》、民乐演奏的《茉莉花》、刘德华与肯尼合作的《茉莉花》、宋祖英在维也纳演唱会中的《茉莉花》，让学生了解音乐是无国界的。
2. 问问学生：“在你的国家有类似关于某种花的歌曲吗？如果有，请唱出来给全班听听，并用汉语介绍一下歌曲的内容大意。”

语言技能	听	说	读	写
语言要素	语音	汉字	词汇	语法
组织形式	单人	双人	小组	全班
适合水平	初	中	高	
教学对象	儿童	青少年	大学生	成人

这个活动练习了哪些内容？请勾出来。

设计优化贴

根据我的____________，这个活动可以做如下改进：

活动目标：

练习项目：

步骤调整：

改进后效果： 更适合我们班学生的年龄（　　） 更适合我们班的水平（　　）
更适合我要教的语言点（　　） 更适合我要练的语言技能（　　）
操作更便利（　　）

话题范围

花草树木 · 瓜果梨桃 · 飞禽走兽 等

我的设计我做主

看完上面的活动实例，我想我可以设计更多有关植物与动物的活动。

活 动 1：______

目　　标：______

内　　容：______

______

______

______

练习项目：______

______

______

______

注意事项：______

______

活 动 2：______

目　　标：______

内　　容：______

______

______

______

练习项目：______

______

______

______

注意事项：______

______

自然景观

话题范围

四季·气象（风、云、雷、电）·江河湖海·名山大川·日月星辰·世界著名自然景观 等

你的活动我预测

本部分主要包含下面几个活动实例，你认为它们能练习哪些语言项目？可采取什么样的组织形式？

活动名称	活动内容	可练习的语言项目	可使用的组织形式	页码
88. 我爱记歌词	听歌曲，记歌词，讨论四季变化。			*208*
89. 世界景观翻翻看	翻找卡片，为世界著名景观找到相应的国家名称。			*210*
90. 最佳旅游胜地	向同学推荐你去过最美的旅游目的地。			*212*

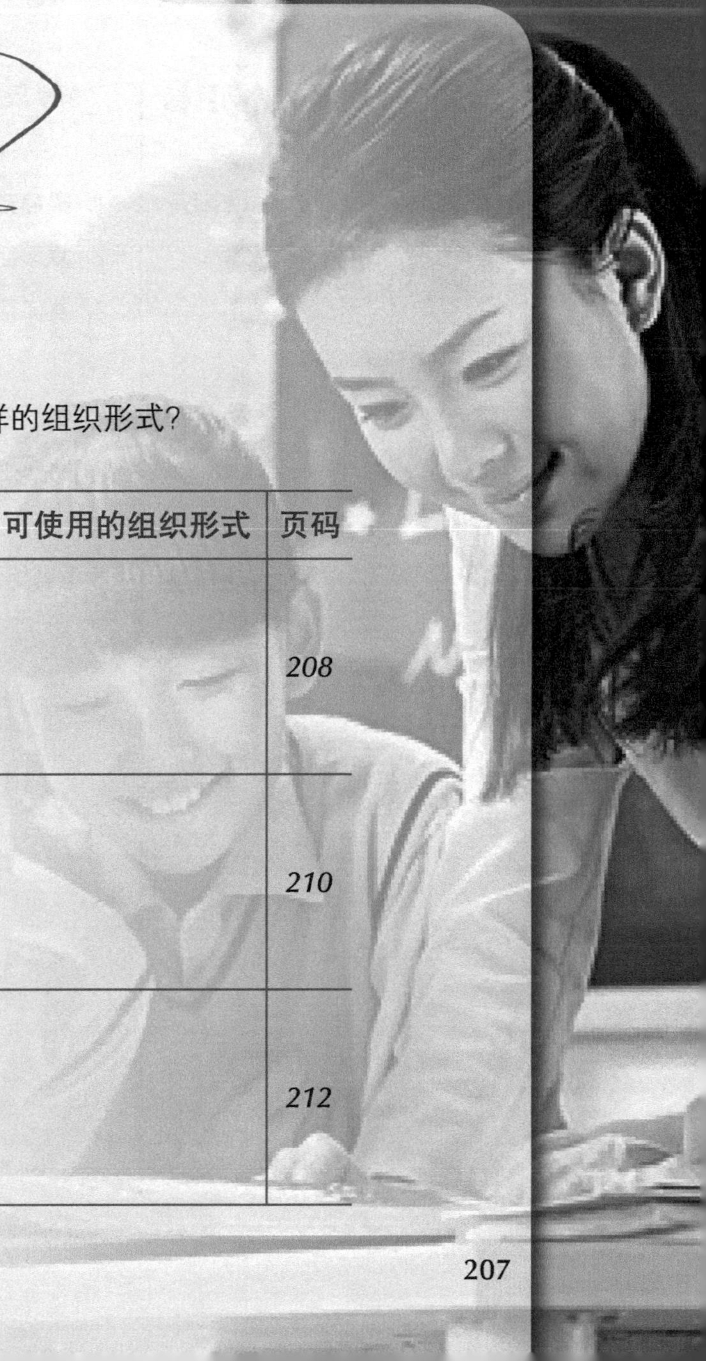

88 我爱记歌词

活动目标

了解掌握关于四季的词语。

活动准备

1. 梁静茹《四季》的磁带或CD。
2. 复印活动页 第285页 的歌词。 复印份数＝班级学生数
2. 复印活动页 第286页 的表格。 复印份数＝4

活动步骤

1. 播放歌曲《四季》，让生听歌填词，由此引入四季的话题。
2. 将学生分为4组，分别围绕春、夏、秋、冬四季进行讨论，完成表格，并向其他各组汇报。

活动拓展

根据各组讨论的情况，写一篇题为“______的______季”的短文，要求字数不少于150字。

语言技能	听	说	读	写
语言要素	语音	汉字	词汇	语法
组织形式	单人	双人	小组	全班
适合水平	初	中	高	
教学对象	儿童	青少年	大学生	成人

这个活动练习了哪些内容？请勾出来。

设计优化贴

根据我的＿＿＿＿＿＿＿＿＿＿，这个活动可以做如下改进：

活动目标：

练习项目：

步骤调整：

改进后效果： 更适合我们班学生的年龄（　　）　更适合我们班的水平（　　）
更适合我要教的语言点（　　）　更适合我要练的语言技能（　　）
操作更便利（　　）

89 世界景观翻翻看

活动目标 了解世界著名景观的中文表达方法。

如果在国际班有各国同学，你怎么准备卡片内容？

活动准备 准备若干套卡片，每两张是一对，其中一张写世界景观名称，另一张写这个世界景观所在国家的名称，可同时配景观图片及国家国旗国标。

活动步骤

1. 向学生展示并介绍卡片上的内容。
2. 学生2—4人一组，发给每组一套卡片。
3. 让学生将卡片打乱顺序放在桌子上反面朝上，新学生轮流翻看卡片，每次翻开两张。如果两张卡片上正好是某一景观与其所在国家，这个学生可将两张卡片据为己有，并继续翻看。如果两张卡片内容不对应，将卡片继续扣在桌子上，换为下一同学翻看。
4. 在全部卡片被拿走后，游戏结束，每个学生向全班汇报自己手中卡片，如：“这是埃菲尔铁塔，它在法国巴黎。” “这是埃及的人面狮身像”。手中卡片最多的同学获胜。

活动提示 这个活动也同时考查学生的记忆力，要保证卡片背面无图案或与正面的图案完全一致。

语言技能	听	说	读	写
语言要素	语音	汉字	词汇	语法
组织形式	单人	双人	小组	全班
适合水平	初	中	高	
教学对象	儿童	青少年	大学生	成人

这个活动练习了哪些内容？请勾出来。

设计优化贴

根据我的＿＿＿＿＿＿＿＿，这个活动可以做如下改进：

活动目标：

练习项目：

步骤调整：

改进后效果： 更适合我们班学生的年龄（　　　）　更适合我们班的水平（　　　）
更适合我要教的语言点（　　　）　更适合我要练的语言技能（　　　）
操作更便利（　　　）

90 最佳旅游胜地

活动目标 能描述某地的旅游特色，叙述旅游经历。

活动准备 让学生提前准备一些旅行时拍的照片，如雪景、海边、沙漠、高原等。

活动步骤

1. 让学生每人都展示一张自己旅行时拍的照片。
2. 每个学生轮流向全班介绍并推荐这个地方，希望大家都能去此地旅行。可以说说这个地方的景色、风俗、人情、美食等。
3. 每个同学都依次介绍完毕后，请全班投票，共同选出“最佳旅游胜地”。

活动拓展 让学生搜集照片和文字介绍，一起设计完成“最佳旅游胜地”的墙报。

活动提示 教师可以在活动开始前做示范，讲讲自己到某处旅游的经历，通过照片介绍一下当地的风景、民俗和美食。

语言技能	听	说	读	写
语言要素	语音	汉字	词汇	语法
组织形式	单人	双人	小组	全班
适合水平	初	中	高	
教学对象	儿童	青少年	大学生	成人

这个活动练习了哪些内容？请勾出来。

设计优化贴

根据我的＿＿＿＿＿＿＿＿，这个活动可以做如下改进：

活动目标：

练习项目：

步骤调整：

改进后效果： 更适合我们班学生的年龄（　　） 更适合我们班的水平（　　）
更适合我要教的语言点（　　） 更适合我要练的语言技能（　　）
操作更便利（　　）

话题范围

四季·气象（风、云、雷、电）·江河湖海·名山大川·日月星辰·世界著名自然景观 等

我的设计我做主

看完上面的活动实例，我想我可以设计更多有关自然景观的活动。

活动 1：

目　标：

内　容：

练习项目：

注意事项：

活动 2：

目　标：

内　容：

练习项目：

注意事项：

我的活动整理箱

话　　题	活动名称	内容	练习项目	注意事项	页码

我的活动整理箱

话　　题	活动名称	内容	练习项目	注意事项	页码

活动页

3 名人档案

	名人1	名人2
姓名		
国籍		
年龄/生日		
职业（或曾经的职业）		
家庭环境（单身或已婚）		
爱好		
性格		
家乡		
文化程度		
生活经历		

5 特别名片

A(正面)

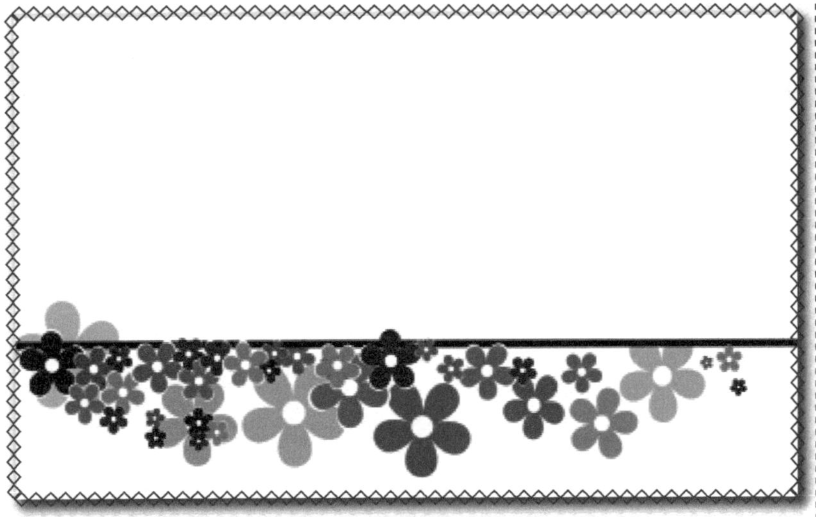

B(正面)

A(背面)

B(背面)

我们的爱好

爱　　好	统　　计
1.	
2.	
3.	
4.	
5.	
6.	

7 情绪图片

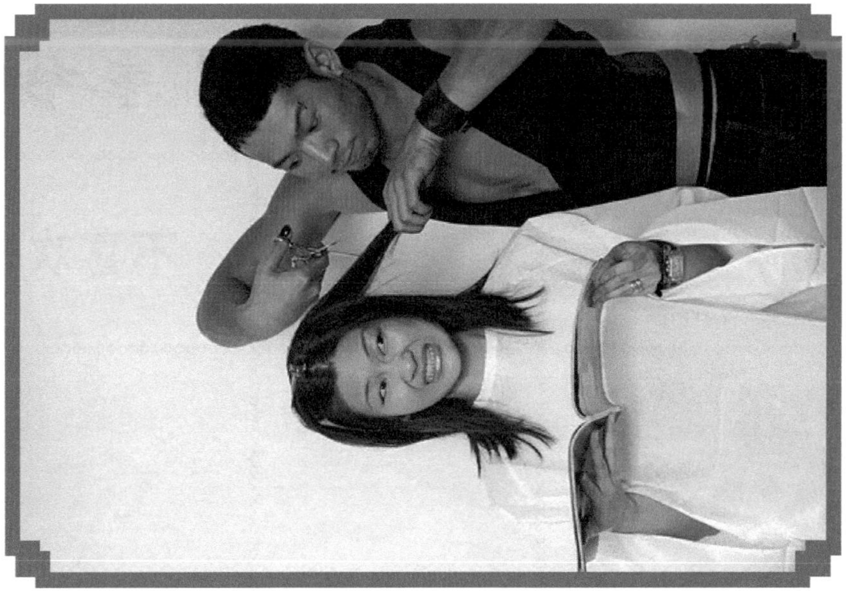

8 喜欢的季节

季节调查表

	喜欢	不喜欢	原因
 春			
 夏			
 秋			
 冬			

9 寻找相同点

话题单

	话题	态度
1.		
2.		
3.		
4.		

困境单

A 你从一个朋友那里听说有人在背后说你的坏话。你怎么办呢？

B 你的朋友买了一件新大衣，你认为它很难看，而且非常贵，不适合你的朋友，但是你的朋友非常容易生气，你怎么说呢？

C 你看到某些人在路边乱扔垃圾，你会说什么？

D 你忘记了和一个老师的约定，现在忽然想起来你应该在2小时之前在公园和这位老师见面，你会怎么做呢？

12 极地求生

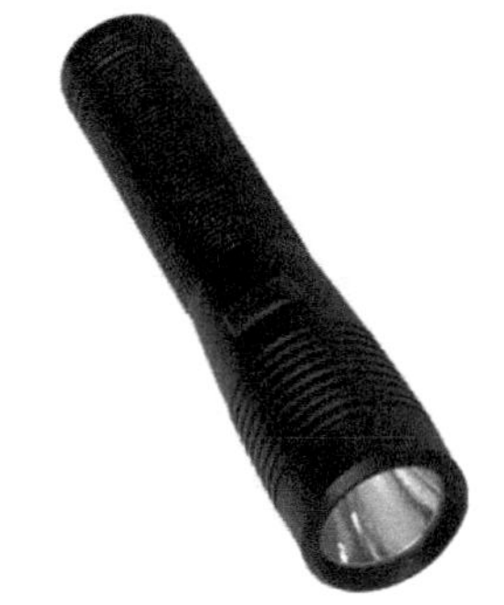

照明灯

防晒霜

绳子

指南针

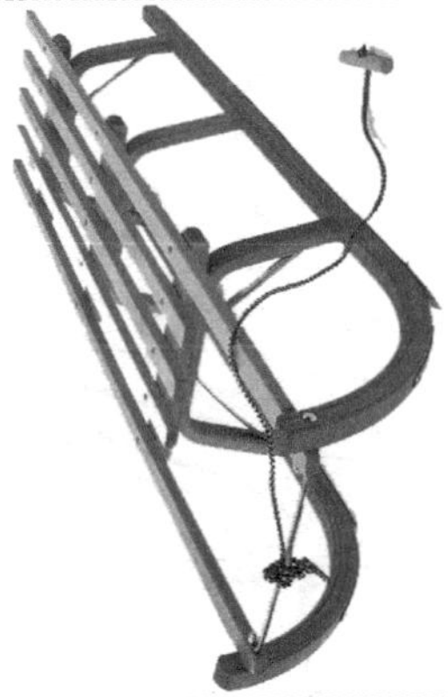

雪橇

巧克力

御寒服

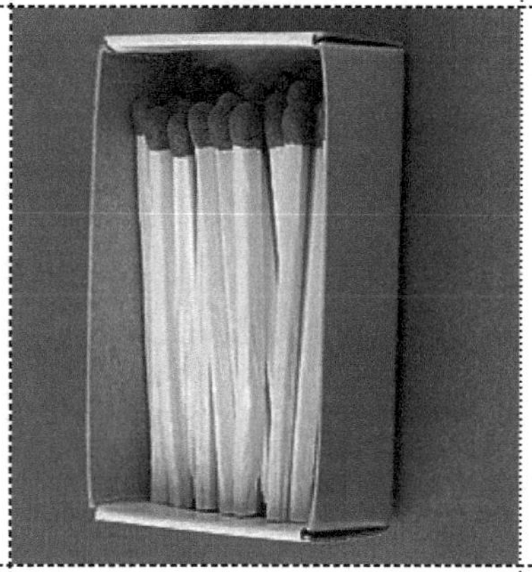

火柴

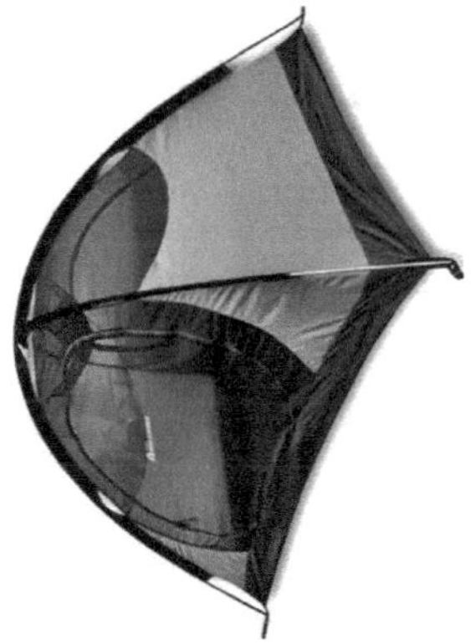

帐篷

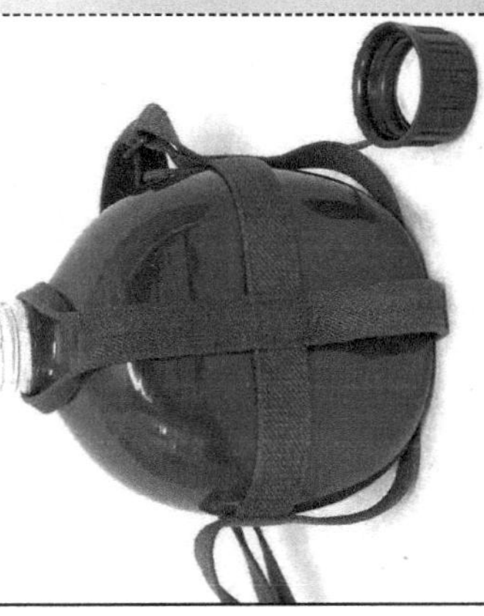

热水壶

太阳眼镜

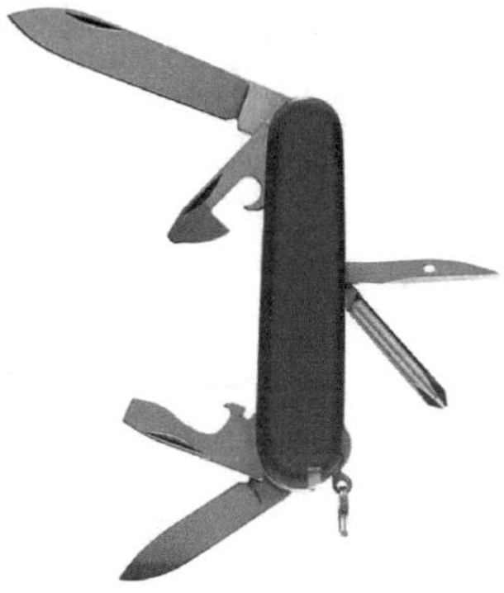

小刀

15 猜亲属

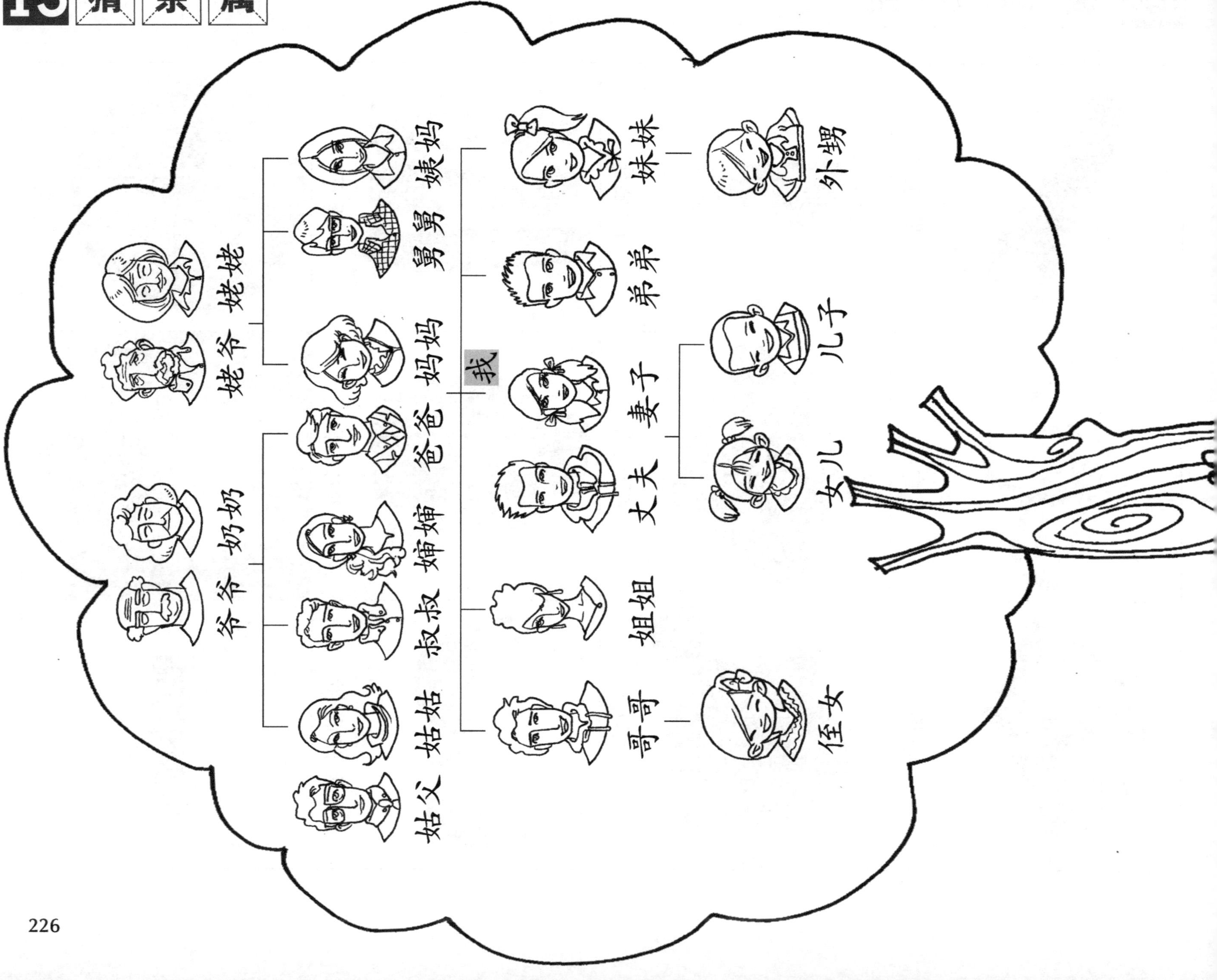

17 我的名片

姓名:
公司:
职务:
电话:
Email:

姓名:
公司:
职务:
电话:
Email:

18 明信片

邮政编码：

邮政编码：

19 拍卖会

中国人民银行
壹角
1

中国人民银行
5
伍圆
FJ48290888

中国人民银行
20
贰拾圆
FD53823411

中国人民银行
伍角
5

中国人民银行
10
拾圆
GC40588928

中国人民银行
50
伍拾圆
HI11966666
50

中国人民银行
1
壹圆
ID55523411

中国人民银行
20
贰拾圆
FD53823411

中国人民银行
100
壹佰圆
GD48023411
100

22 你来这里干什么？

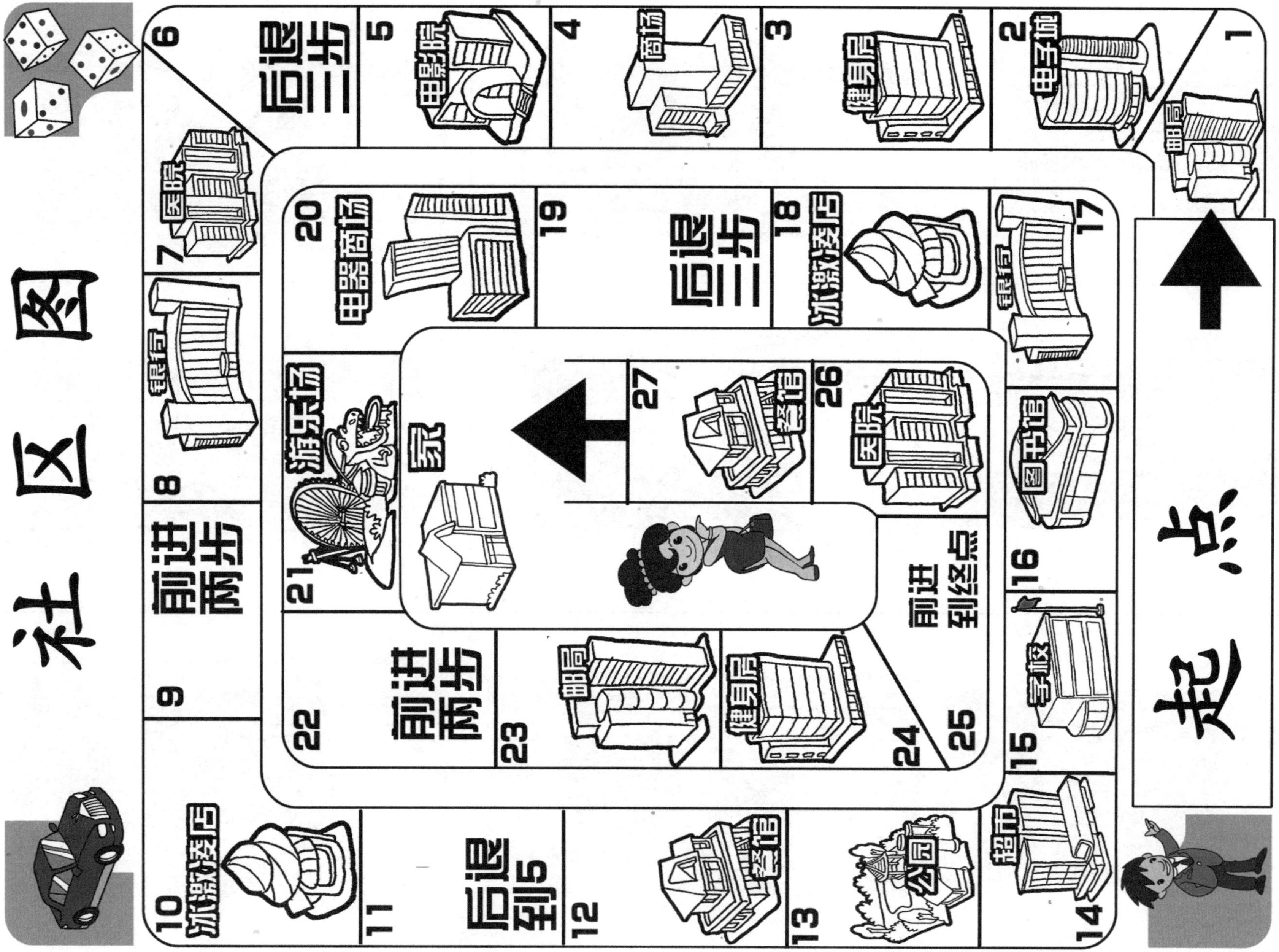

社区图
起点
1 邮局
2 电子城
3 健身房
4 商场
5 电影院
6 后退三步
7 医院
8 银行
前进两步
9
10 冰激凌店
11 后退到5
12 餐馆
13 公园
14 超市
15 学校
16 图书馆
17 银行
18 冰激凌店
19 后退三步
20 电器商场
21 游乐场
22 前进两步
23 邮局
24 健身房
25 前进到终点
26 医院
27 餐馆
家

22 你来这里干什么？

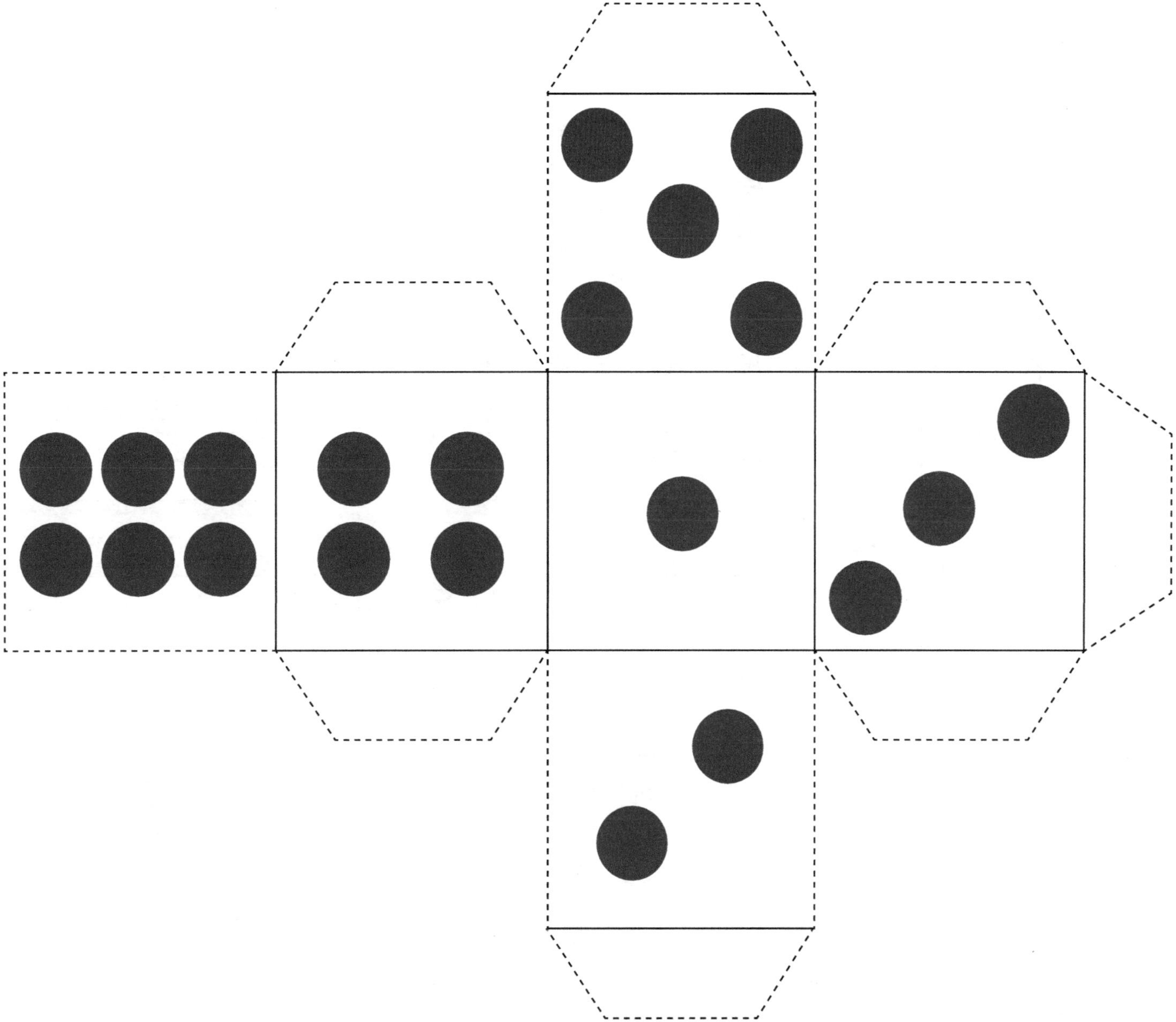

A 你：

爱交朋友
做过兼职销售
爱旅行

B 招聘：销售

职位要求：
善于交际
习惯长途旅行
不怕压力

A 你：

喜爱各国美食
会做中国菜
有厨师证

B 招聘：厨师

职位要求：
会做正宗的川菜
了解食物的营养搭配
具有合作精神

A 你：

曾经获得优秀作文一等奖
会采访
会摄影

B 招聘：记者

职位要求：
不怕吃苦
善于写作
可以上夜班

A 你：

会说汉语
会汉语打字
曾经教过一年汉语

B 招聘： 汉语教师

职位要求：
汉语流利、发音标准
耐心、友好
硕士以上学历

A 你：

会说英语、法语
会英语、汉语打字
会开车

B 招聘： 秘书

职位要求：
打字速度快
英语流利、发音标准
热爱工作

A 你：

善于辩论
法律专业毕业
工作过一年

B 招聘： 律师

职位要求：
具有律师资格
具有两年以上工作经验
具有正义感

24 我的一天

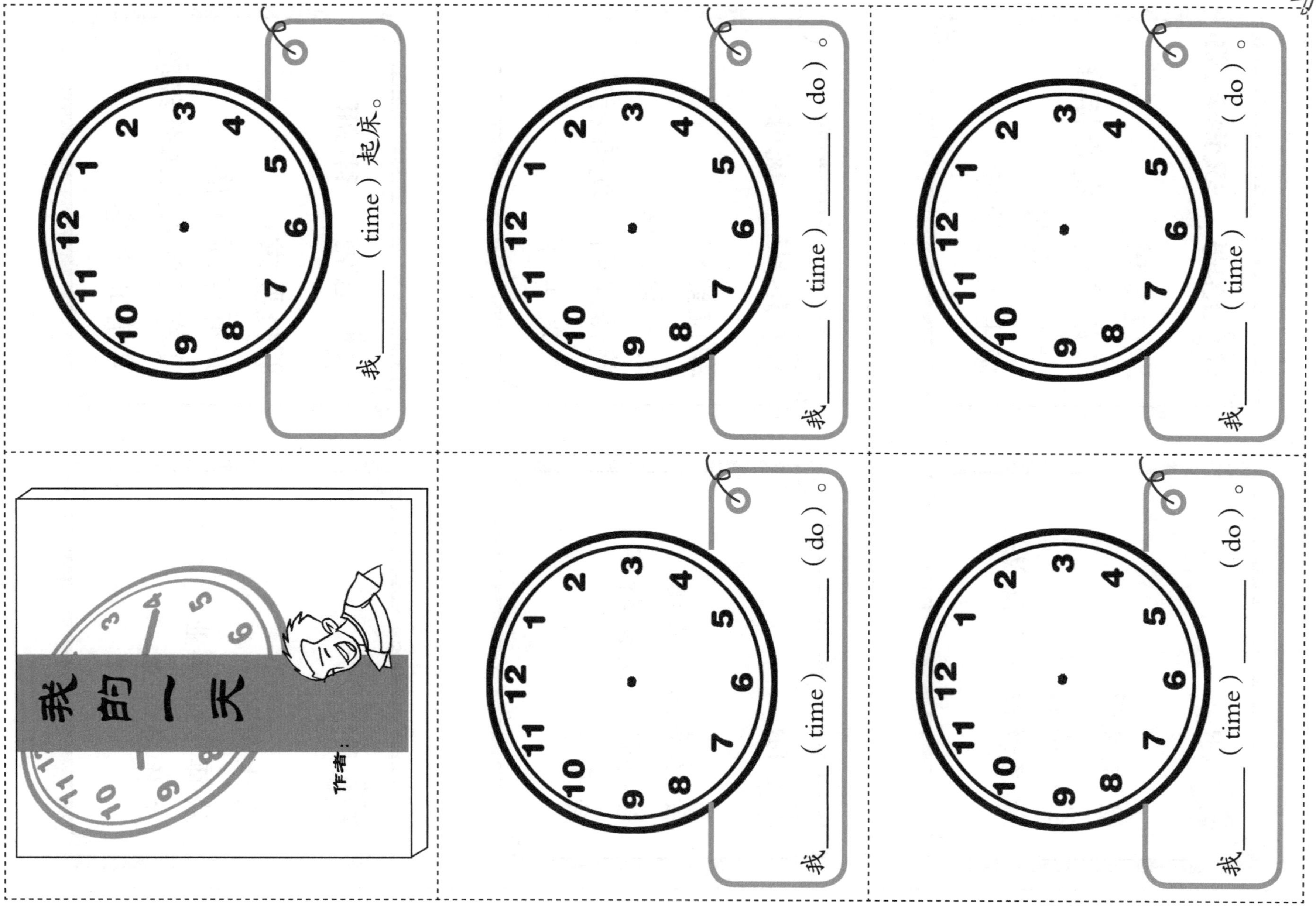

25 我的一周

	星期一	星期二	星期三	星期四	星期五	星期六	星期日
上午							
下午							
晚上							

26 问路与指路

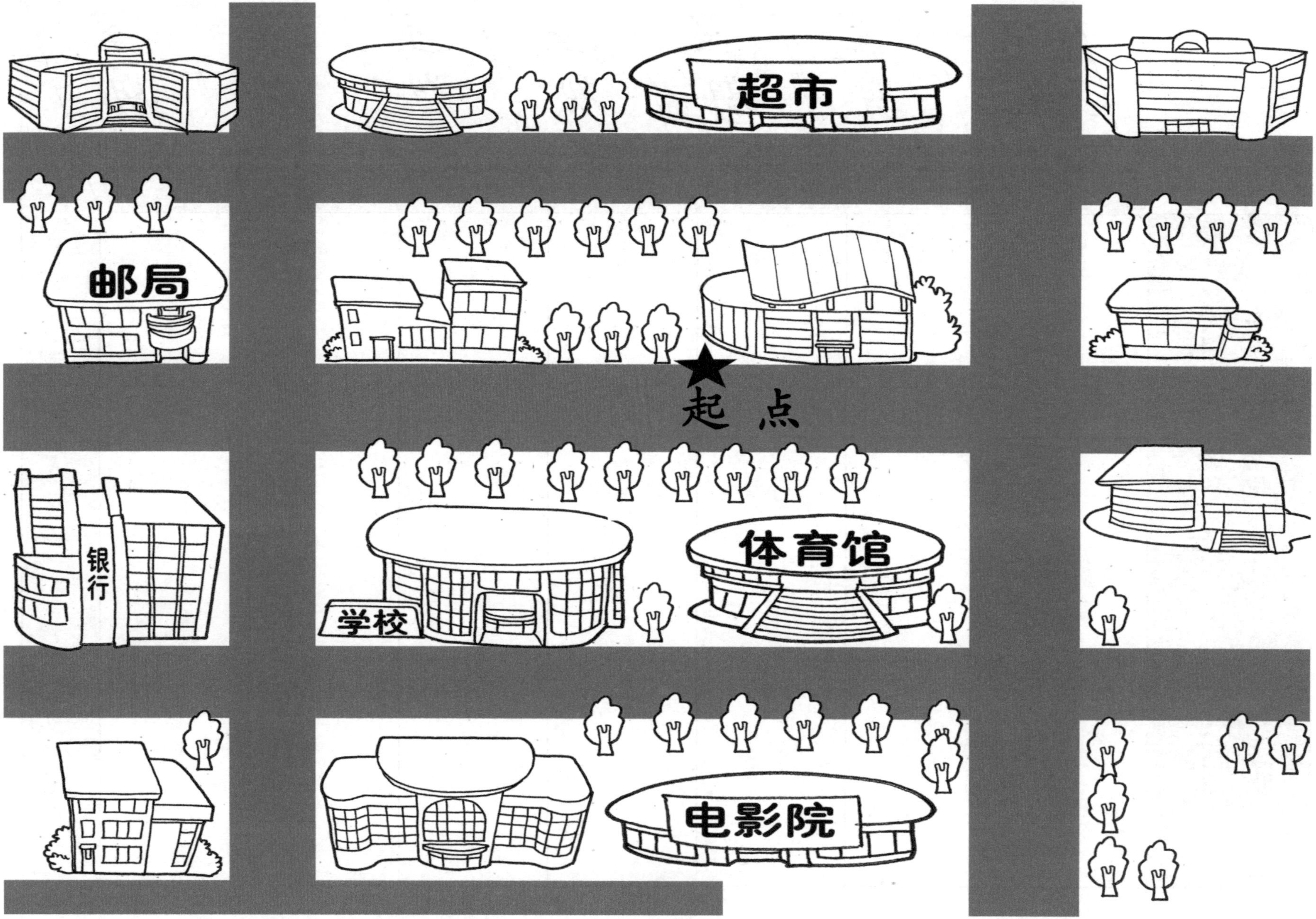

27 角色卡片

A

我是病人
我要看病

症 状

感冒、头疼、发烧、嗓子疼
拉肚子
胃疼、恶心
脚扭伤、红肿

你的症状＿＿＿＿＿＿

B

我是医生
我要询问病情和开处方

处 方

感冒药	1次2片，1日2次
黄连素	1次1片，1日3次
胃康宁	1次1片，1日2次
云南白药	1日3次

你的处方＿＿＿＿＿＿

A

我是顾客
我要点菜

菜 单

凉菜	拍黄瓜、凉拌土豆丝
热菜	麻婆豆腐、糖醋鱼、红烧排骨、鱼香肉丝、宫保鸡丁、京酱肉丝、西红柿炒鸡蛋、清炒西兰花
汤	酸辣汤、蔬菜汤、蛋花汤
主食	米饭、面条、蛋炒饭、饺子
饮料	水、茶、可乐、果汁

最想吃的菜＿＿＿＿＿＿

B

我是餐厅服务员
我要提供餐饮服务

菜 单

凉菜	拍黄瓜、凉拌土豆丝
热菜	麻婆豆腐、糖醋鱼、红烧排骨、鱼香肉丝、宫保鸡丁、京酱肉丝、西红柿炒鸡蛋、清炒西兰花
汤	酸辣汤、蔬菜汤、蛋花汤
主食	米饭、面条、蛋炒饭、饺子
饮料	水、茶、可乐、果汁

特色菜＿＿＿＿＿＿

A

我是顾客
我要换人民币

外币	人民币汇率
1美元	6.8
1欧元	7.9
1＿＿＿	＿＿＿
1＿＿＿	＿＿＿

B

我是银行职员
我要表达汇率

外币	人民币汇率
1美元	6.8
1欧元	7.9
1＿＿＿	＿＿＿
1＿＿＿	＿＿＿

A

我是顾客
我要买东西

购物清单	
苹果	______元/斤
香蕉	______元/斤
面包	______元/个
饼干	______元/包
方便面	______元/个
可口可乐	______元/个
笔	______元/支
	______元
	______元

B

我是售货员
我要卖东西

购物清单	
苹果	5元/斤
香蕉	6元/斤
面包	3.5元/个
饼干	5.5元/包
方便面	2.8元/个
可口可乐	3.2元/个
笔	2元/支
	______元
	______元

A

我是乘客
我要乘出租车
目的地：飞机场、火车站、北京大学、故宫

B

我是出租车司机
你要询问目的地

A

我是李华
我要打电话、商量看电影的时间
填写周末计划表。

	星期五	星期六	星期日
上午			
下午			
晚上			

B

我是王立
我要接电话，商量看电影的时间
填写周末计划表。

	星期五	星期六	星期日
上午			
下午			
晚上			

什么学习方法对我最有效?

把下面的学习方法按照对你学习汉语的帮助程度的大小排序。
（5=对我最有用，1=对我帮助最小）

认真预习	
做翻译练习	
听录音	
练习阅读技巧	
和别人交谈	
休闲阅读（书籍和故事）	
做语法练习	
听别人说话	
听收音机或者看电视	
写作文或者信件	
背诵词汇和课文	
大声朗读	
上网聊天	
其他	

32 写给新生的信

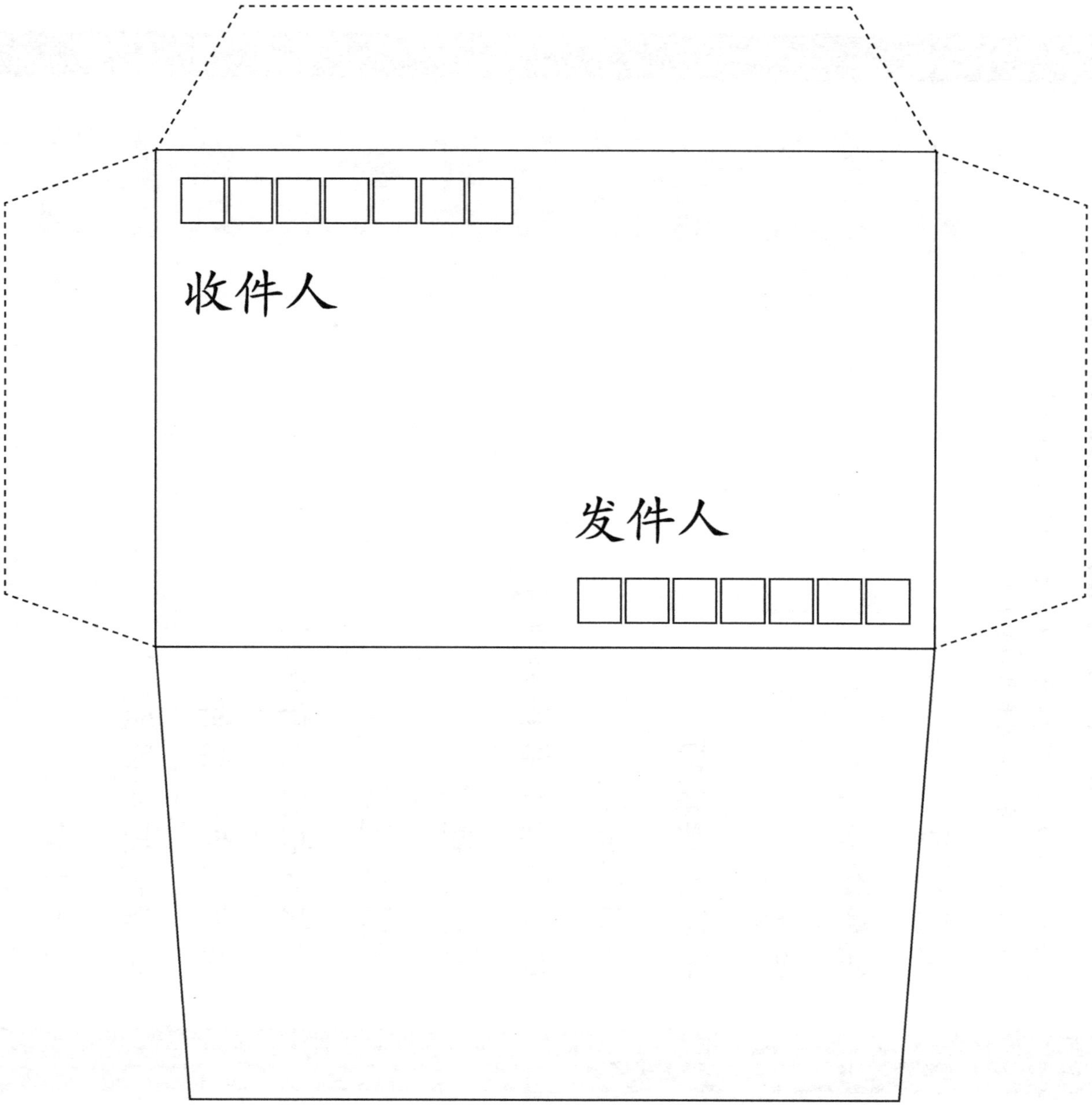

33 我的房间

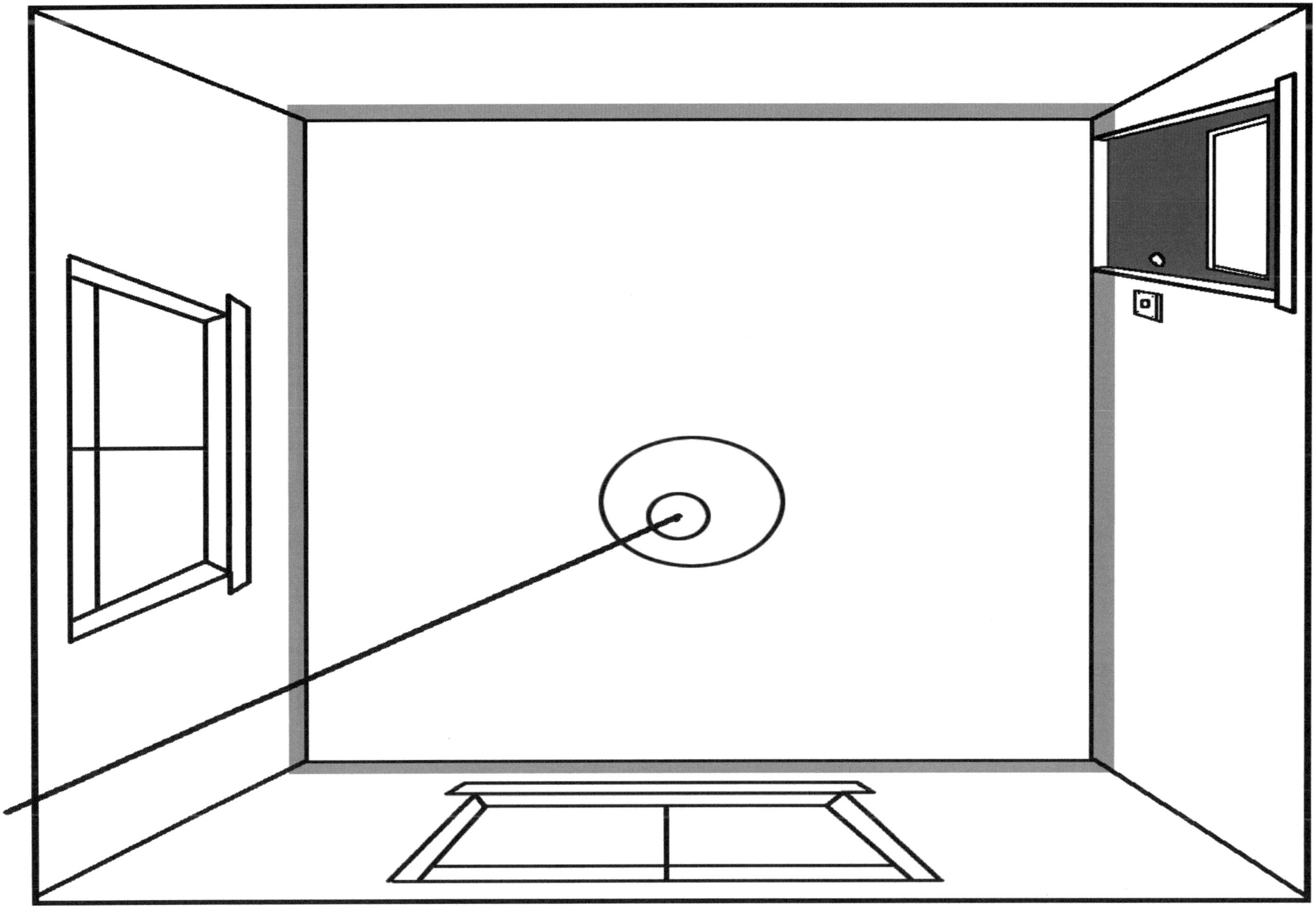

36 画家谱

调查表

姓名	家庭成员人数	最喜欢谁的职业		
		亲属关系	职业	原因
1.				
2.				
3.				
4.				

37 家庭数据

调查统计

1. 谁家里的人最多？有几口人？	
2. 多少人是家里最大的孩子？	
3. 多少人是家里最小的孩子？	
4. 多少人是独生子女？	
5. 多少人觉得他们长得像自己的母亲？	
6. 多少人觉得他们长得像自己的父亲？	
7. 多少人和父母住在一起？	
8. 谁的家人从事的职业最多？都是哪些职业？	
9. 除了父母以外，大家都觉得和什么亲戚最亲近？	
10. 大家都觉得在家里最崇敬谁？	
11. 谁的家人年纪最小？他/她多少岁？	
12. 谁的家人年纪最长？他/她多少岁？	

38 美味厨房

西红柿

牛肉

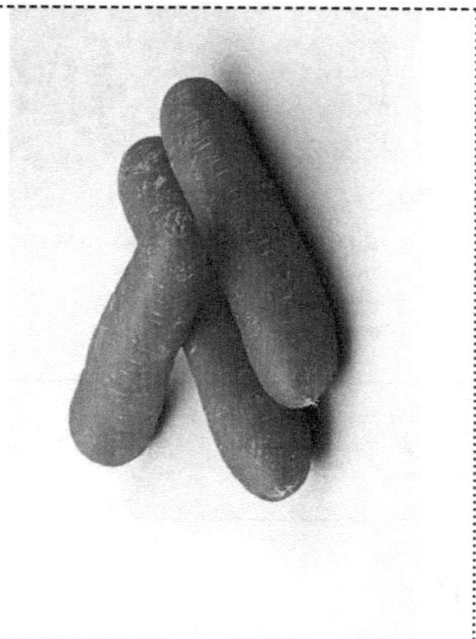
胡萝卜

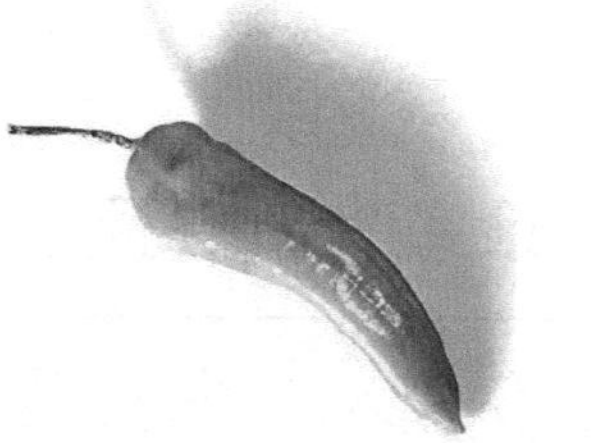
青椒

土豆

黄瓜

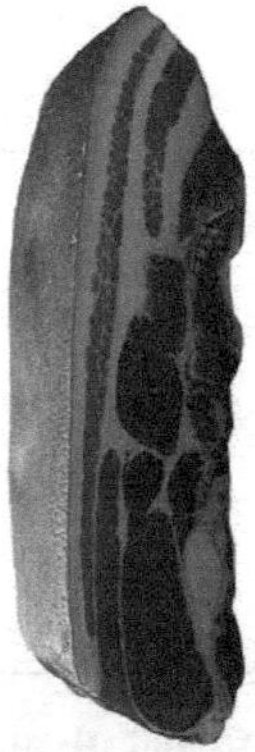
猪肉

鸡蛋

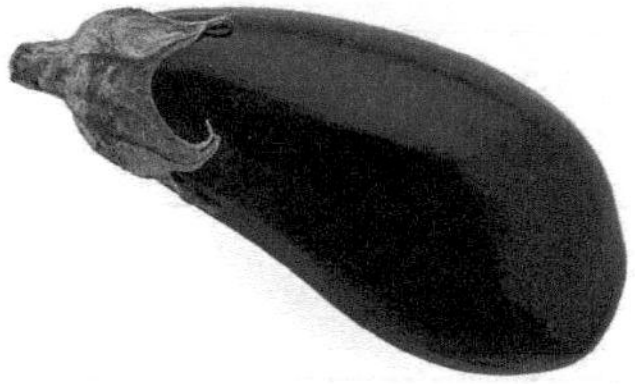
茄子

白菜

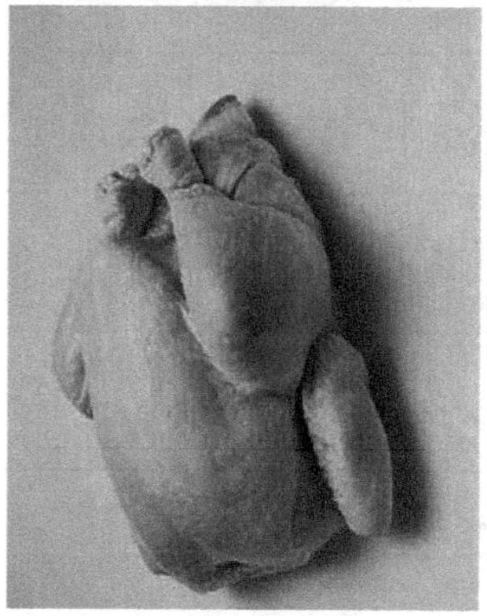
鸡肉

蘑菇

38 美味厨房

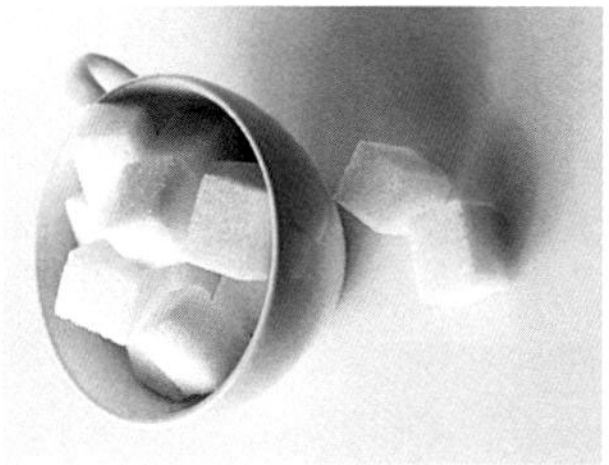

糖

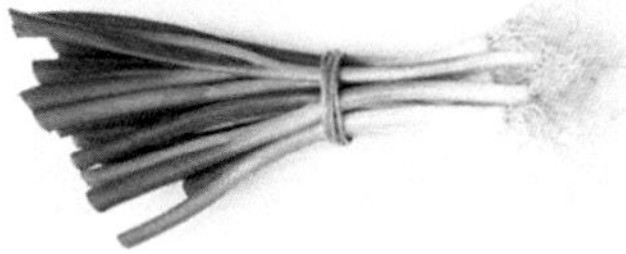

葱

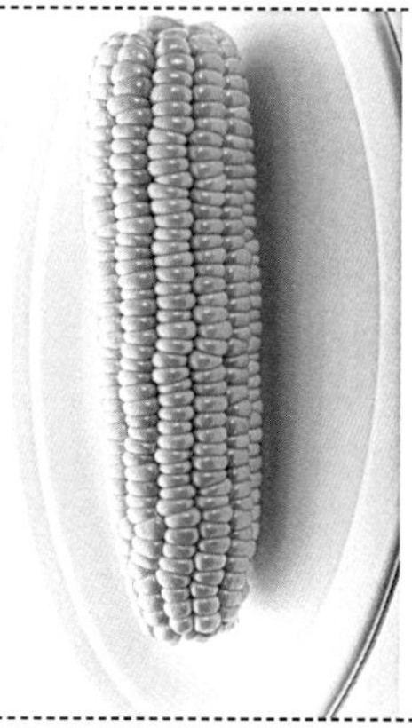

玉米

盐

排骨

鱼

虾

醋

姜

酱油

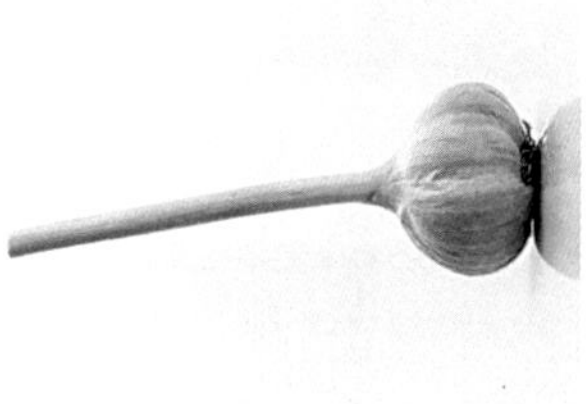

蒜

豆腐

shēng

生 leading male roles

dàn

旦 leading female roles

jìng

净 heroes and warriors

chǒu

丑 clown-like roles

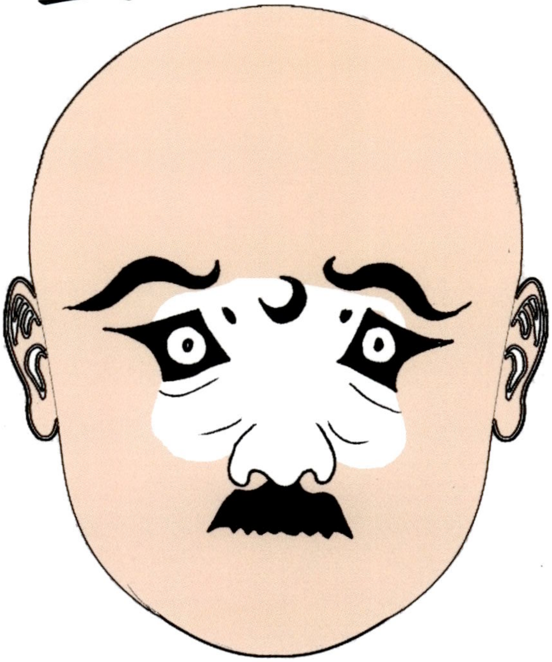

39 我是主角

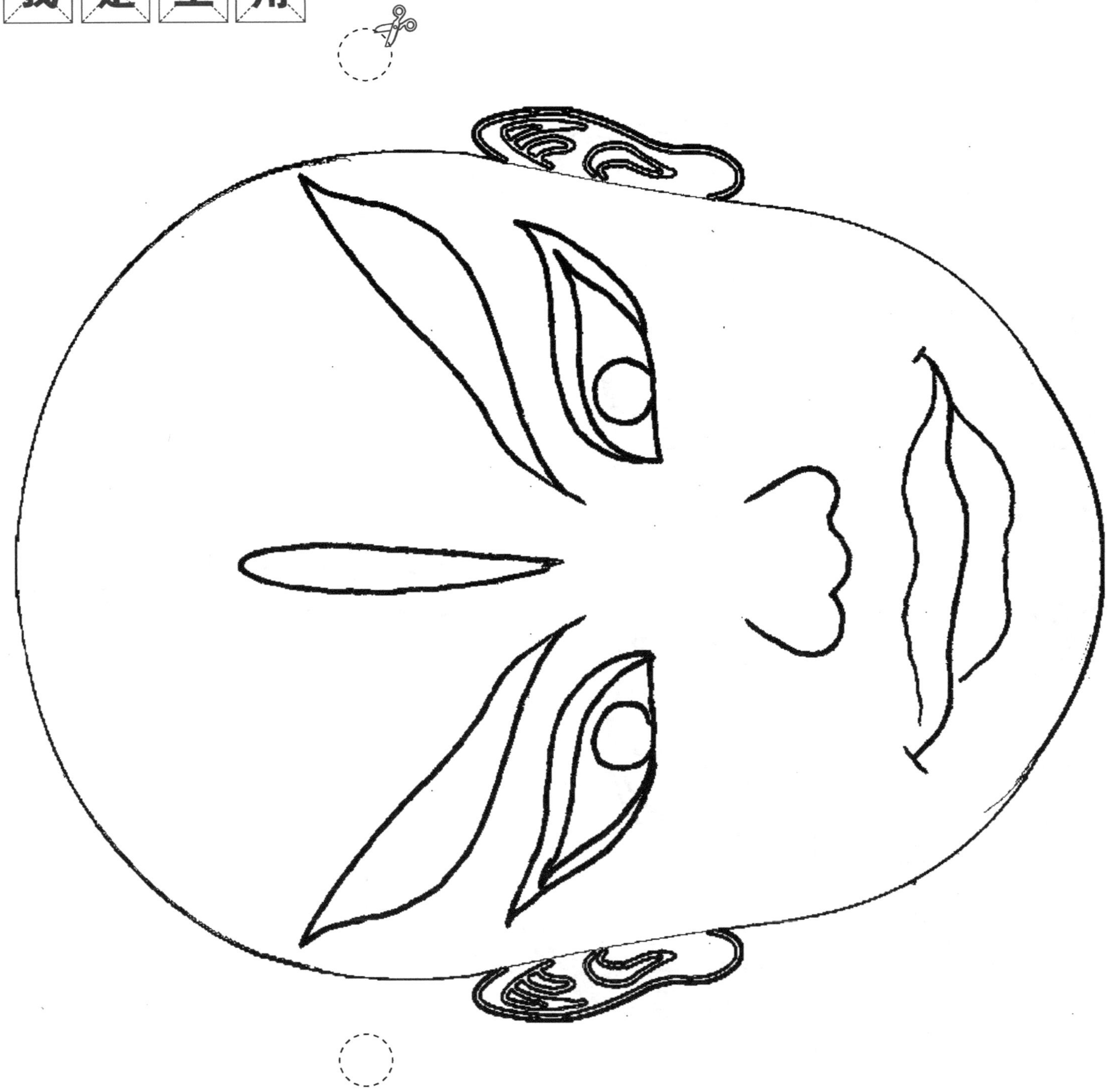

shēng
生

39 我是主角

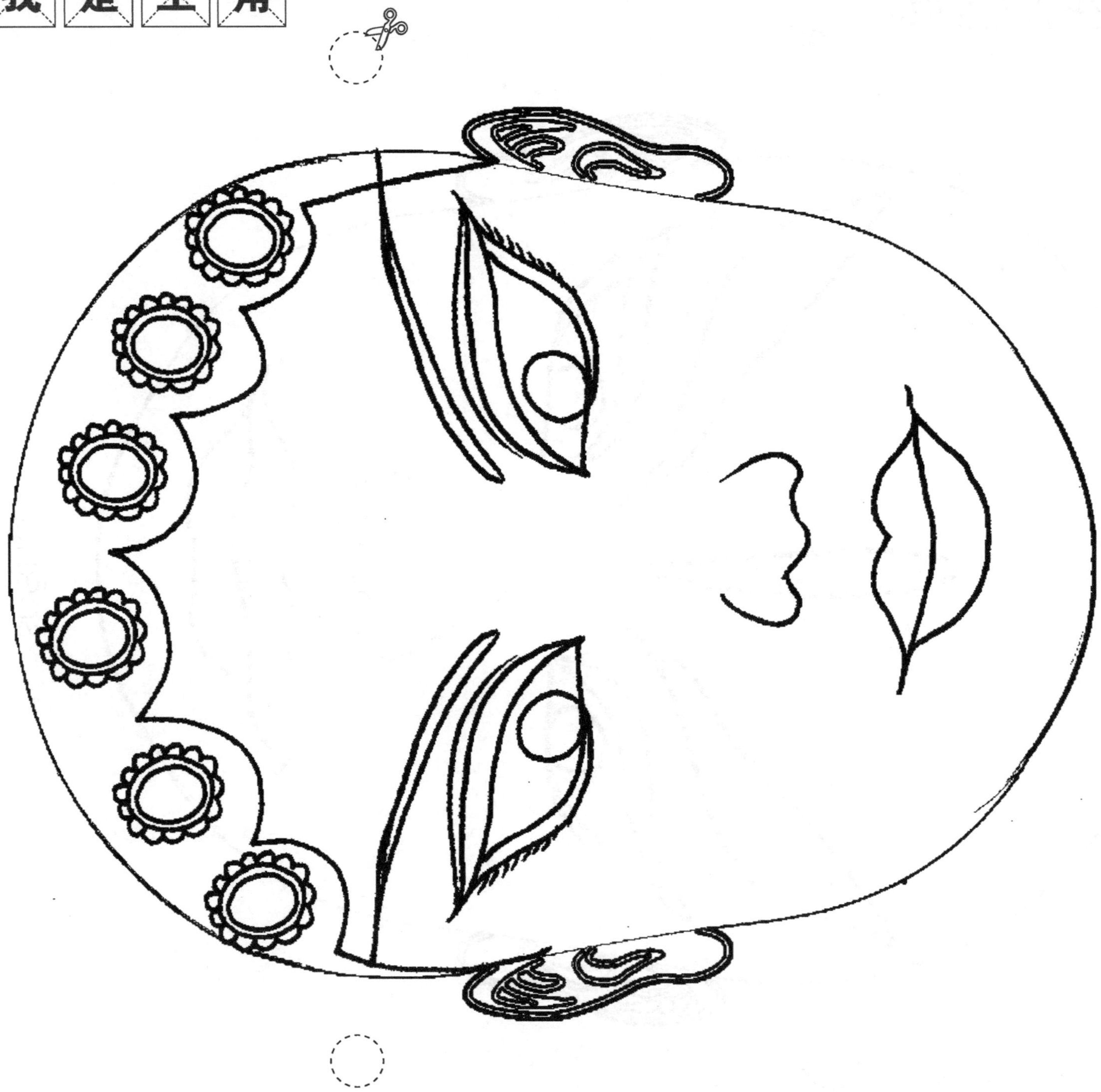

dān
旦

39 我是主角

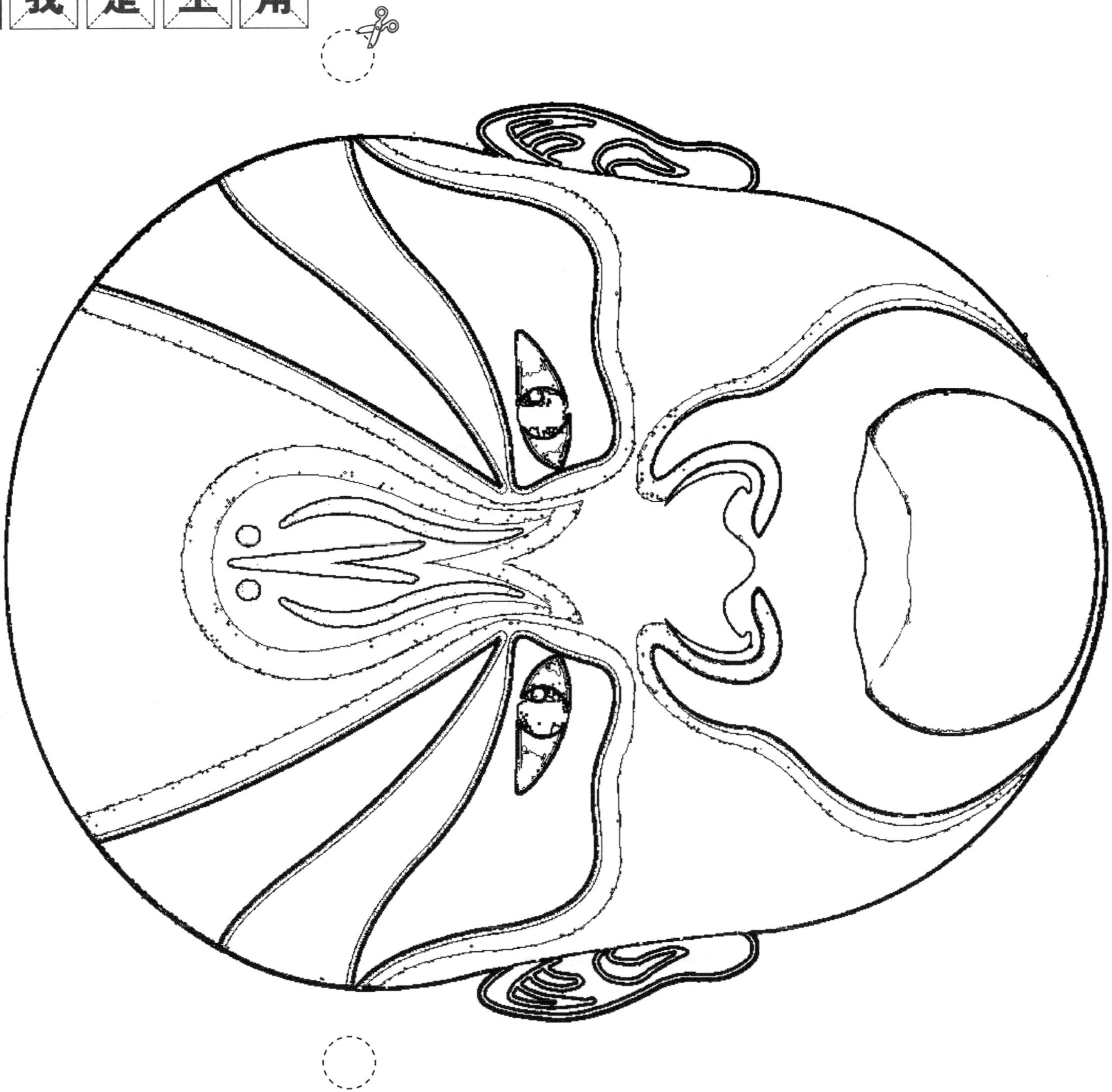

jìng 净

chǒu
丑

40 贴墙花

“囍”为两个“喜”字拼合，是中国的吉庆符号，被广泛运用于婚俗中。“囍”是中国人结婚仪式中的标志性符号，结婚的嫁妆上、洞房中、迎娶新娘的花轿、花车上都要装饰“囍”字。

“寿”字被广泛用于服饰、建筑装饰。在传统观念中，生命的长久永恒是最重要的，所以寿字居于“五福”之首，寓意长命富贵。

团花剪纸最能体现中国剪纸的独特艺术魅力，通过不同的图样设计和折叠方式变化出无穷的花朵，体现了中国人对于美的独特感知。

40 贴墙花

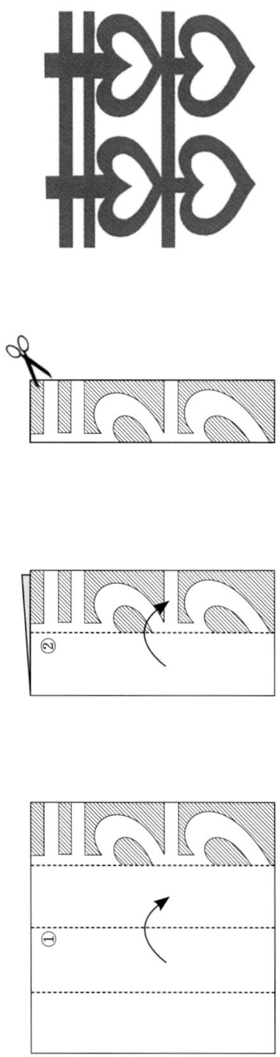

1. 先将红纸按①线对折；
2. 再按②线对折；
3. 按照图中的标线，将带阴影的部分剪掉；
4. 展开以后，一幅“囍”字就剪好了；
5. 现在请你在空白纸上，按照上面的程序，自己设计一个“囍”字并剪出来。

40 贴墙花

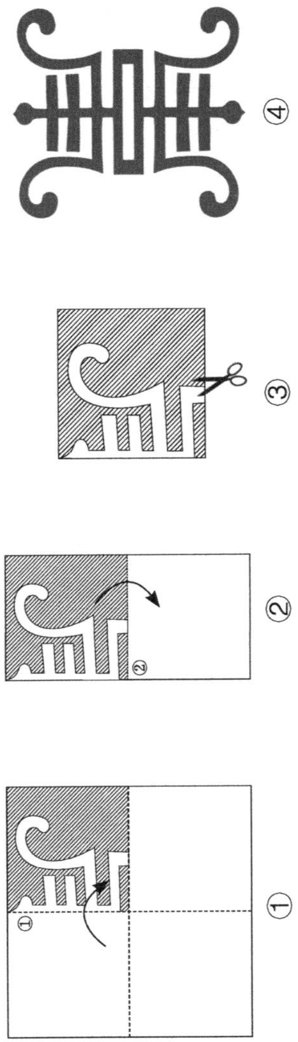

1. 将红纸按①线对折；
2. 再按②线对折；
3. 按照图样中的标线，将带阴影的部分剪掉；
4. 一幅“寿”字就剪好了；
5. 现在请你在空白纸上，按照上面的程序，自己设计一个“寿”字并剪出来。

40 贴墙花

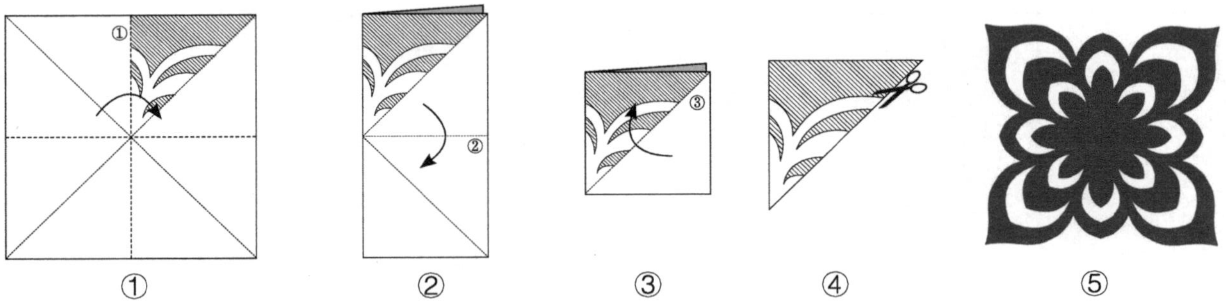

1. 将红纸按①线对折；
2. 再按②线对折；
3. 再按③线对折；
4. 按照图样中的标线，将带阴影的部分剪掉；
5. 一幅团花图案就剪好了；
6. 现在请你在空白纸上，按照上面的程序，自己设计一个团花图案并剪出来。

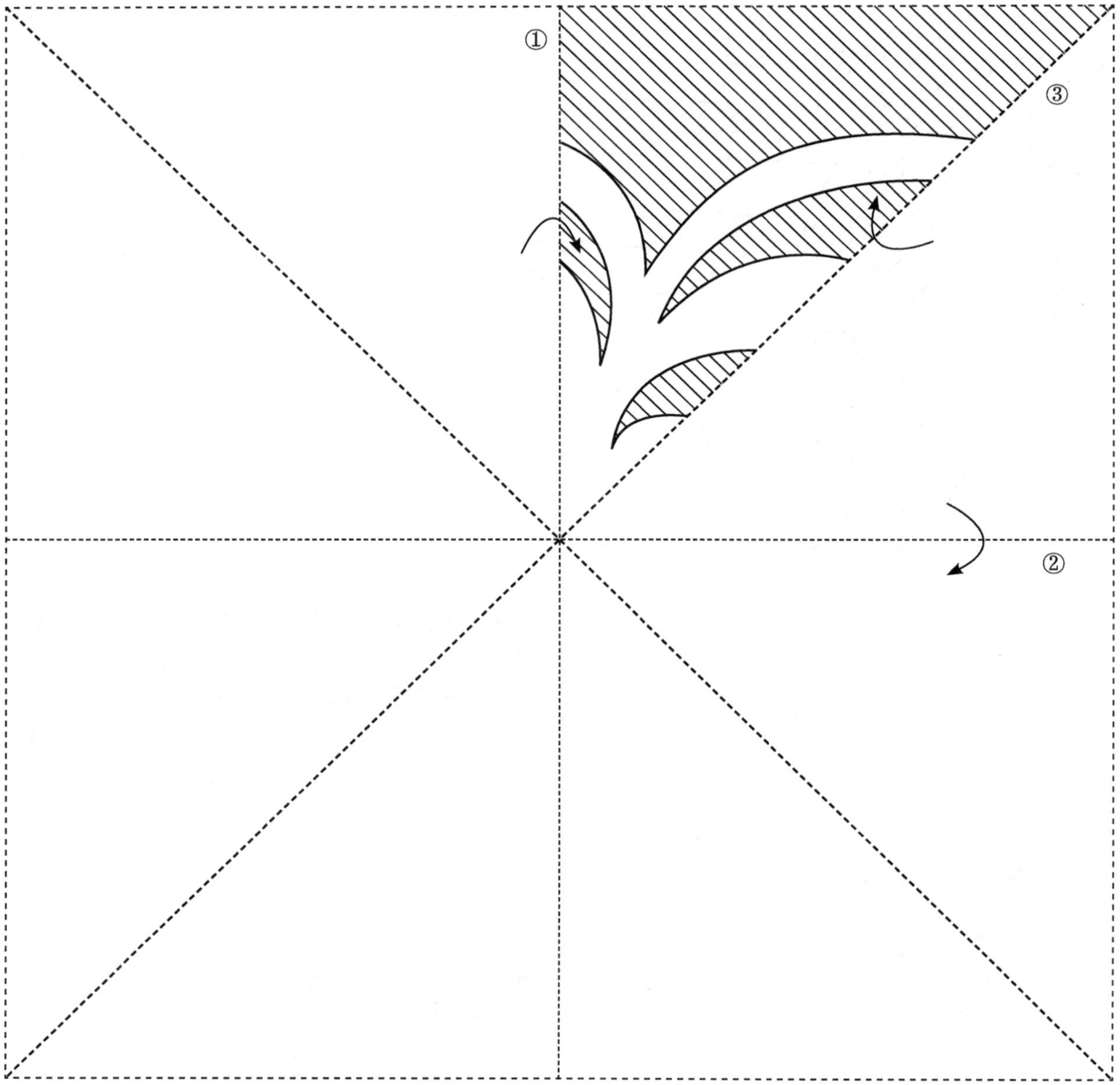

41 名画赏析

问题提示单

1. 这幅画的名字是什么？	
2. 作者是谁？	
3. 这幅画创作的时间是在什么年代？	
4. 你知道作者当时为什么要画这幅画吗？	
5. 这幅画是关于风景的吗？如果是，你知道是哪里的风景吗？你去过那儿吗？你知道那里现在是什么样子吗？	
6. 这幅画是描写人物的吗？如果是，他们都是谁？	
7. 这幅画讲述了一个什么样的故事？请你描述一下。	
8. 你为什么最喜欢这幅画？	

43 贴春联

更上一层楼

家家气象新

处处春光好

吉星高照

万事如意步步高

一帆风顺年年好

家和万事兴

八方财宝进家门

一年四季行好运

步步登高

光辉大地春

锦绣山河美

43 贴春联

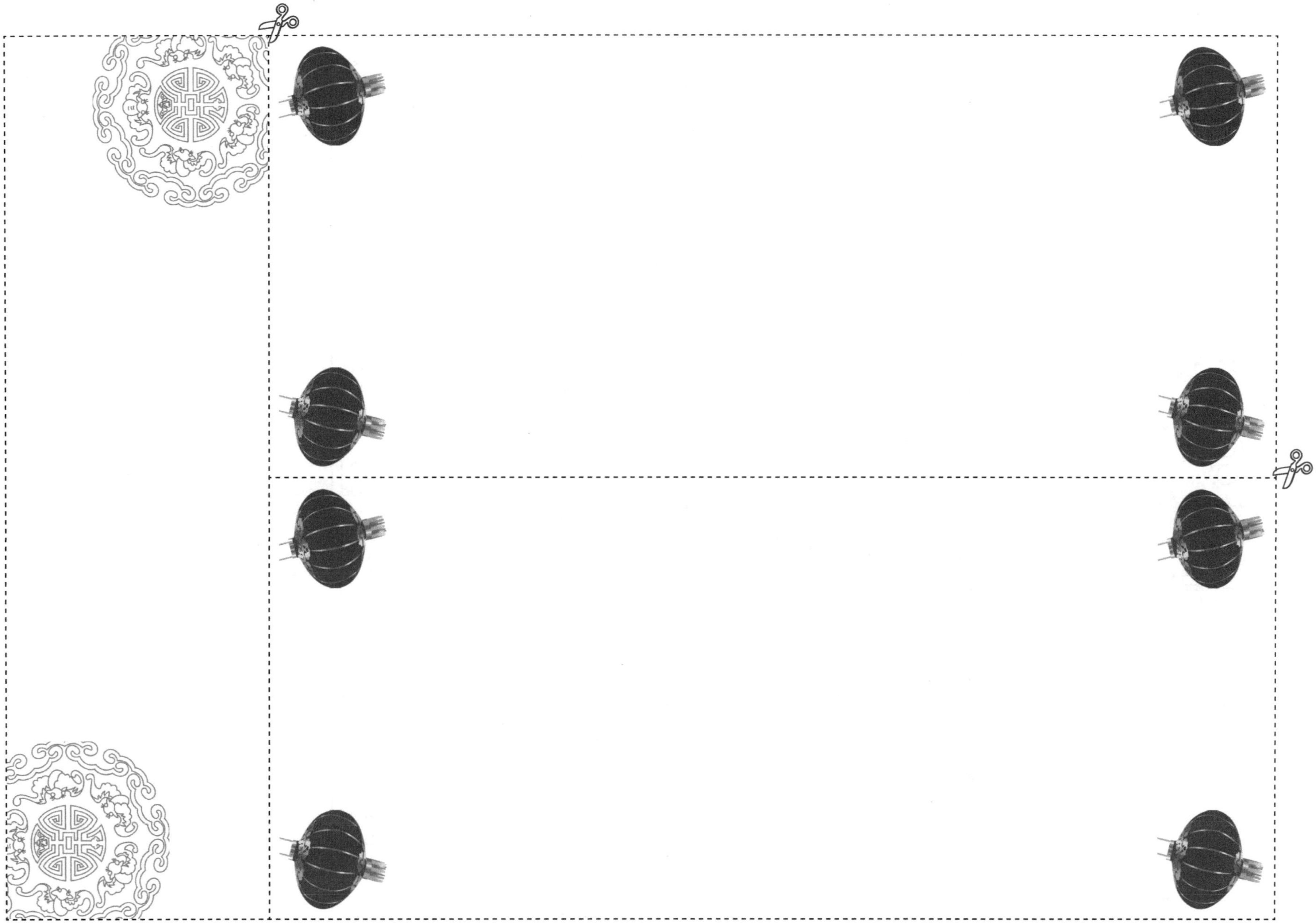

45 恭喜恭喜

gōng xǐ gōng xǐ

恭喜恭喜

1=E 2/4
中板

陈歌辛 词曲

46 牛郎和织女

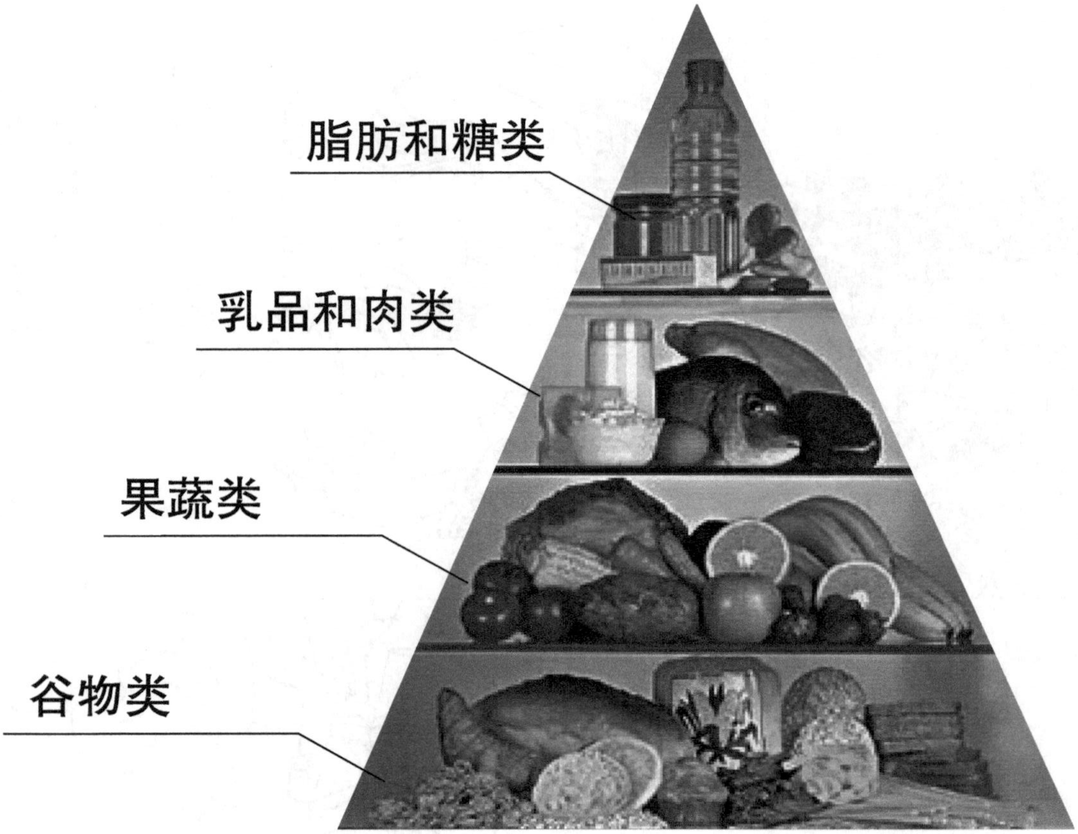

猪肉 鸡肉 豆腐 土豆
鸡蛋 黄瓜 西红柿 鱼
蘑菇 青椒 胡萝卜 虾
玉米 牛奶 牛排 沙拉
羊排 花生 燕麦

粥 香肠 面包
油条 火腿 奶酪
米饭 面条 酸奶
蛋糕 橙子 冰激凌
苹果 香蕉 梨
馒头 汤圆 西瓜
草莓 葡萄 桃

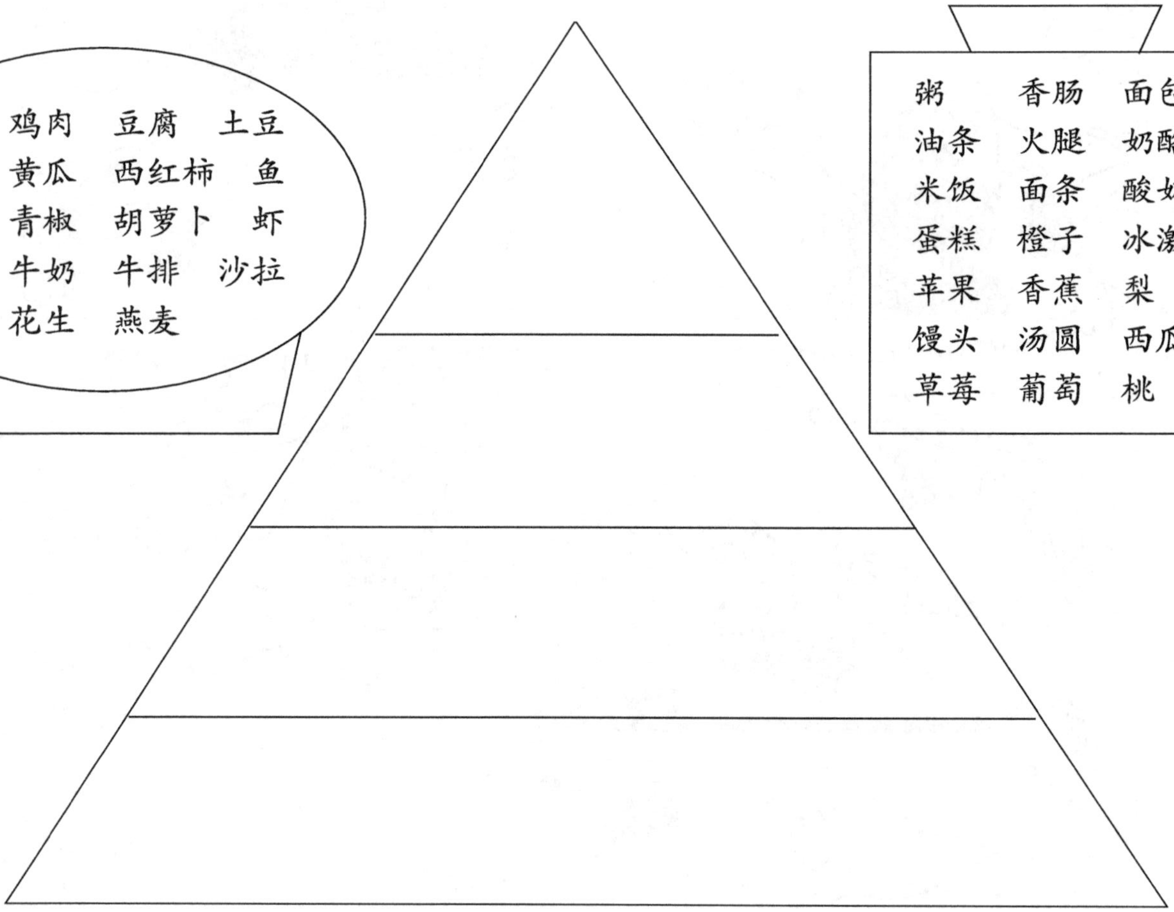

47 健康食谱

饮食记录单

		早饭	午饭	晚饭
示例		2片面包 1杯牛奶 1个橙子	1碗米饭 1份咖喱牛排 1份豆腐汤	1根玉米 1份西红柿鸡蛋 1碗海鲜汤
小组成员	1.			
	2.			
	3.			
	4.			

48 排解压力

A

B

C

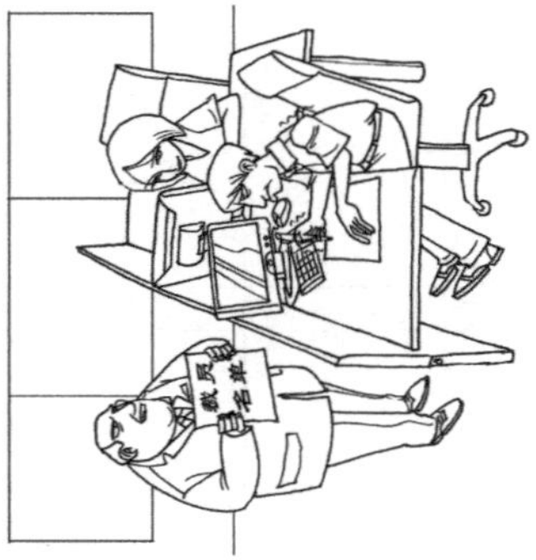

D

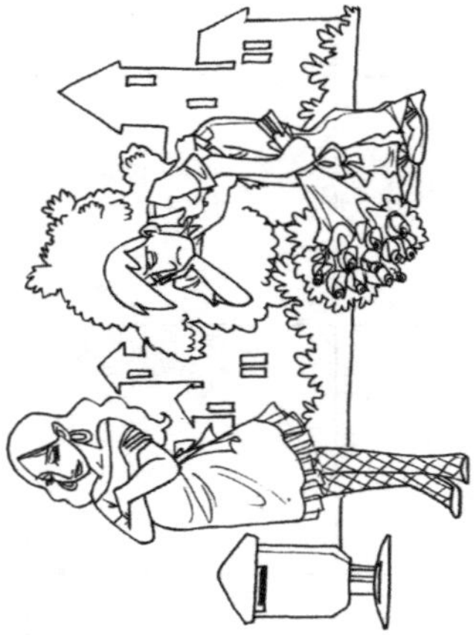

E

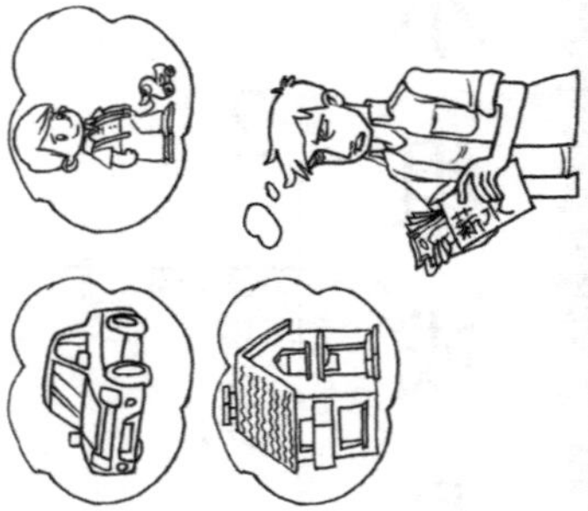

56 北京一日游

北海　10元

鸟巢　50元

圆明园　20元

天坛　30元

故宫　60元

人民大会堂　30元

颐和园　20元

长城　40元

59 失物招领

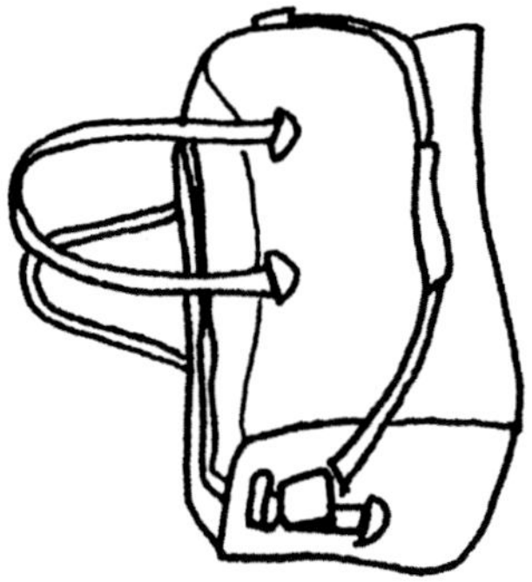

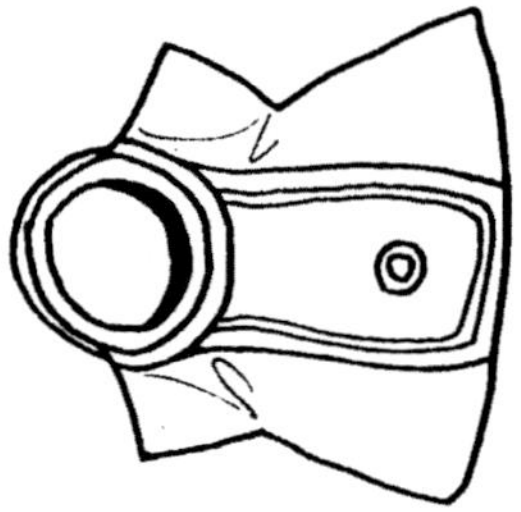
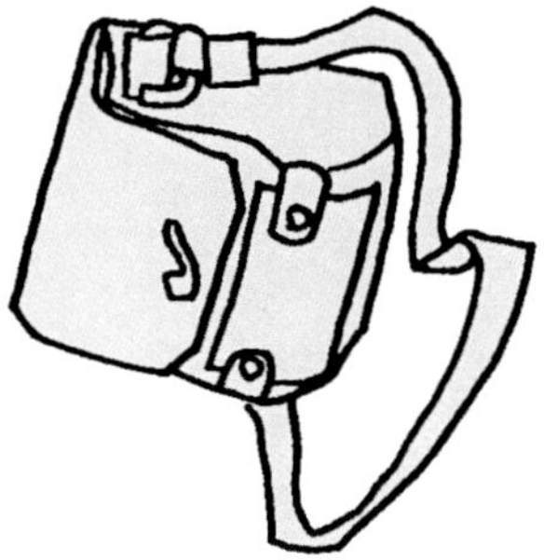
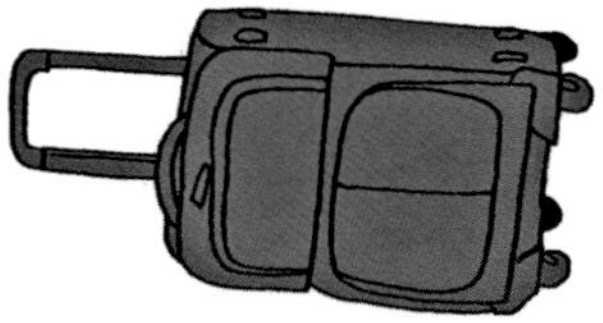
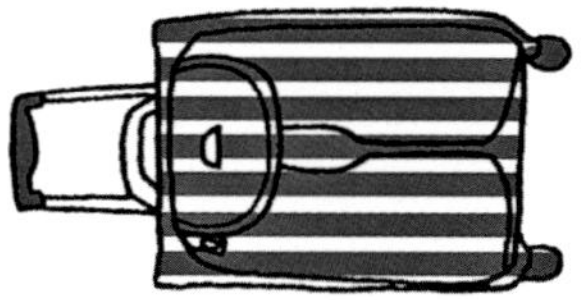
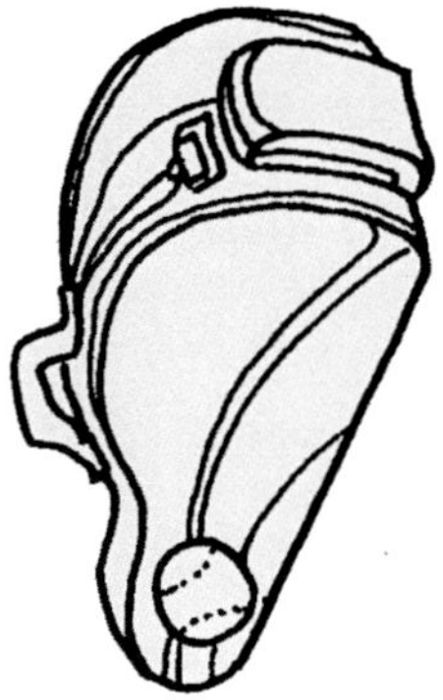

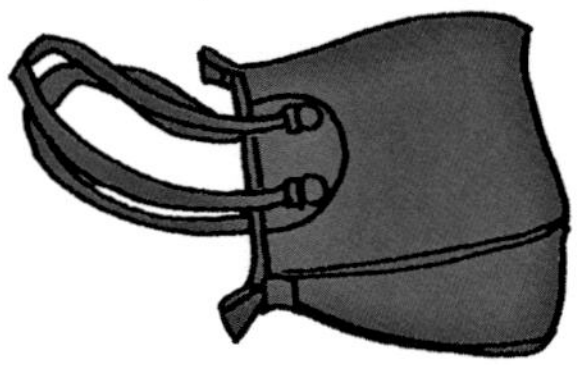

60 我的座右铭

三人行，必有我师焉。——孔子

时间就像海绵里的水，
只要愿挤，总还是有的。——鲁迅

不干，固然遇不着失败，
也绝对遇不着成功。——邹韬奋

千里之行，始于足下。——老子

知己知彼，百战不殆。——老子

时间就是生命，时间就是速度，
时间就是力量。——郭沫若

自己活着，就是为了使别人过得更美好。
——雷锋

少壮不努力，老大徒悲伤。

一寸光阴一寸金，寸金难买寸光阴。

有志者事竟成。

书读百遍，其义自见，

60 我的座右铭

61 猜灯谜

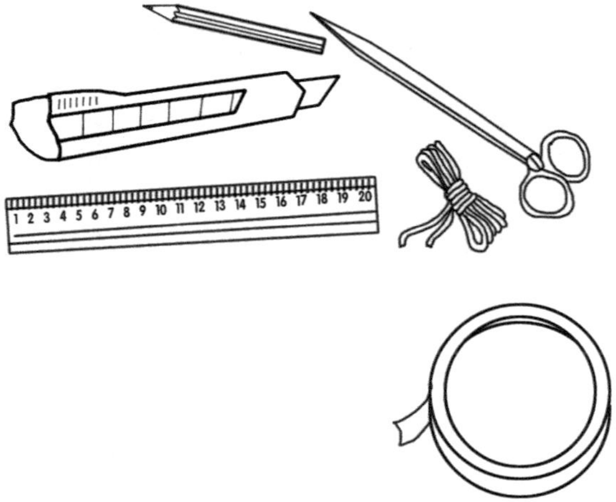

1. 准备铅笔、剪刀、尺子、小刀、线绳、双面胶。

2. 准备一张长方形的红纸。

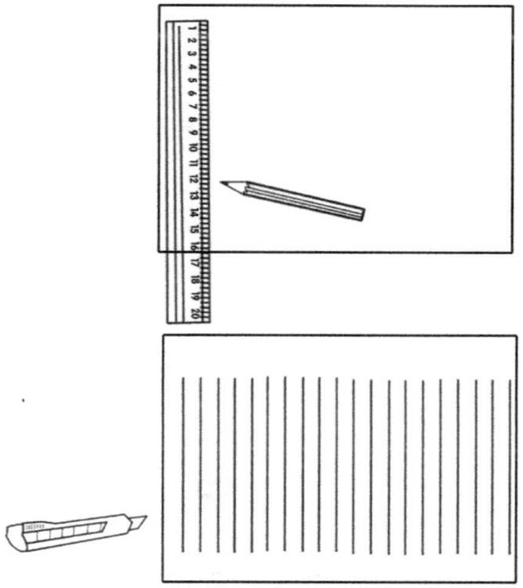

3. 将纸两边各留出0.5～1.0 cm，按等分划好若干条平行线，然后用小刀切开。

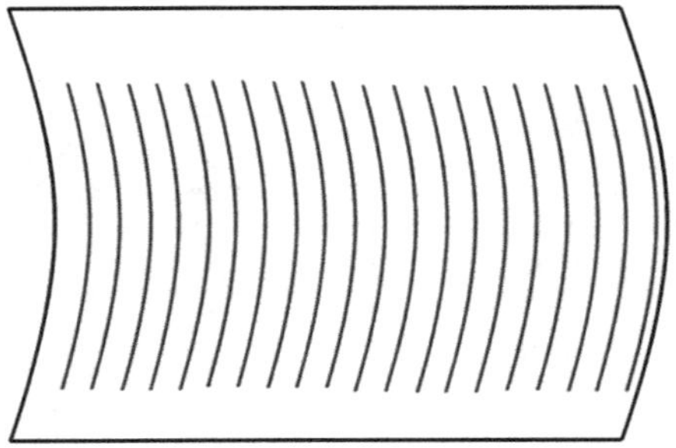

4. 卷一下使纸呈弧形。

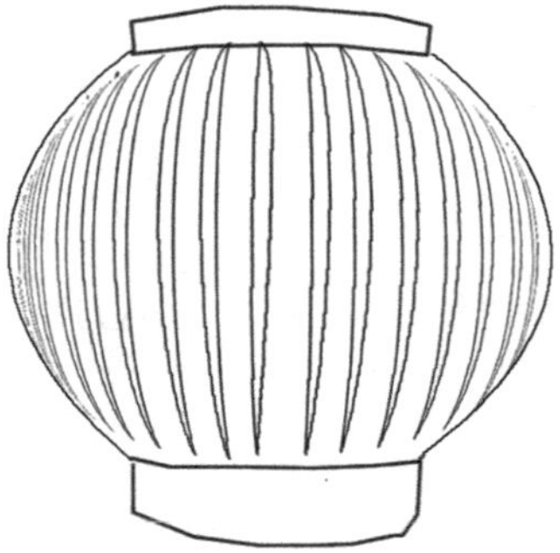

5. 把两边对贴粘牢。

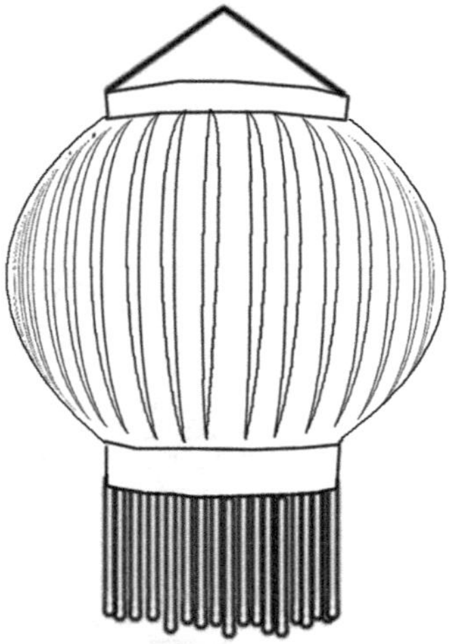

6. 用边角料剪成细条作穗，再贴上线绳。漂亮的小灯笼就做好了。

61 猜灯谜

1. 本来一大片，变成千条线，
是线不缝衣，只在锅里见。（猜一食品）

2. 远看像座山，近看不是山，
上边水直流，下边有人走。（猜一物）

3. 竖起一扇窗，横倒一张床，
下面睡五个，上面睡一双。（猜一物）

4. 左一片，右一片，
两片东西不见面。（猜一身体名）

5. 一个小姑娘，生在水中央，
身穿粉红衫，坐在绿船上。（猜一植物）

61 猜灯谜

6. 弟兄七八个，围着柱子坐，
只要一分开，衣服就扯破。（猜一食品）

7. 哥俩一般高，每天出三操，
人人都需要，团结互助好。（猜一物）

8. 像熊比熊小，像猫比猫大，
竹笋是粮食，密林里安家。（猜一动物）

9. 一个南瓜两头儿空，肚里开花放光明，
有瓜没叶儿高高挂，照得面前一片红。
（猜一物）

10. 麻屋子，红帐子，
里面坐个白胖子。（猜一植物）

63 买礼物

礼物单

	礼物	价钱	理由
 父亲			
 母亲			
 哥哥			
 小丽			
 男朋友			

65 文化跳棋

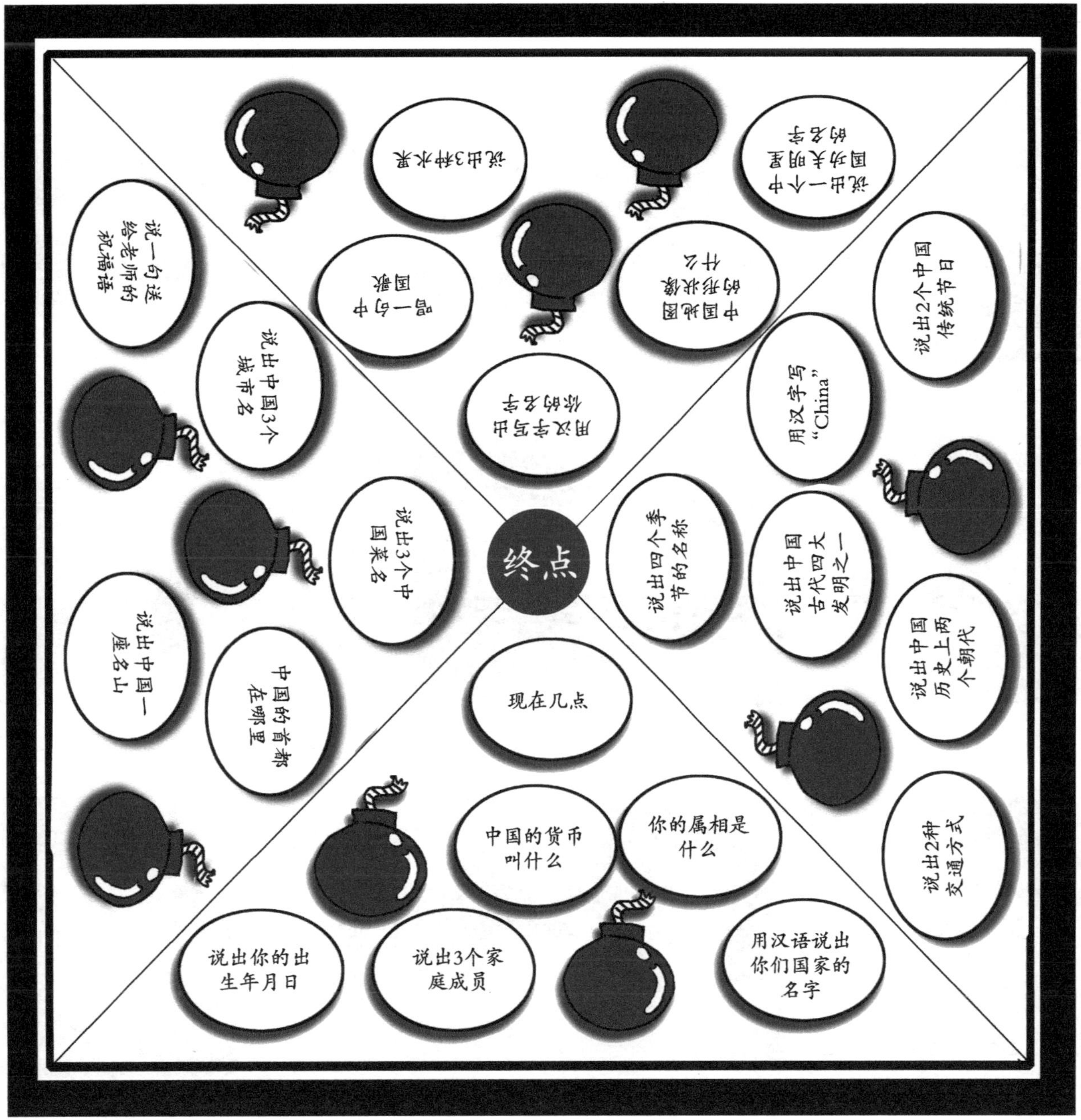
说出3种水果
说出一个中国功夫明星的名字
说一句送给老师的祝福语
唱一句中国歌
中国地图的形状像什么
说出2个中国传统节日
说出中国3个城市名
用汉字写出你的名字
用汉字写"China"
说出3个中国菜名
终点
说出四个季节的名称
说出中国古代四大发明之一
说出中国一座名山
中国的首都在哪里
现在几点
说出中国历史上两个朝代
中国的货币叫什么
你的属相是什么
说出2种交通方式
说出你的出生年月日
说出3个家庭成员
用汉语说出你们国家的名字

66 辨识名人

齐白石

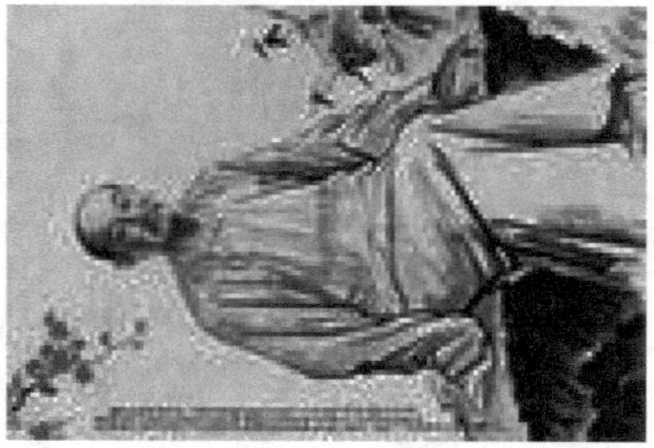
曹雪芹

巩俐

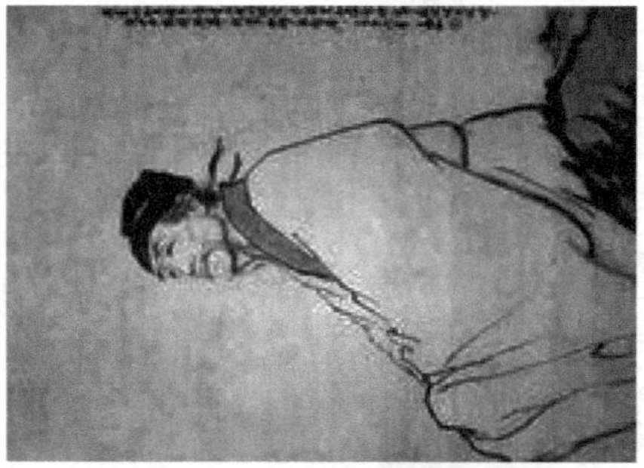
杜甫

梅兰芳

成龙

李白

徐悲鸿

吴承恩

69 中国民乐团

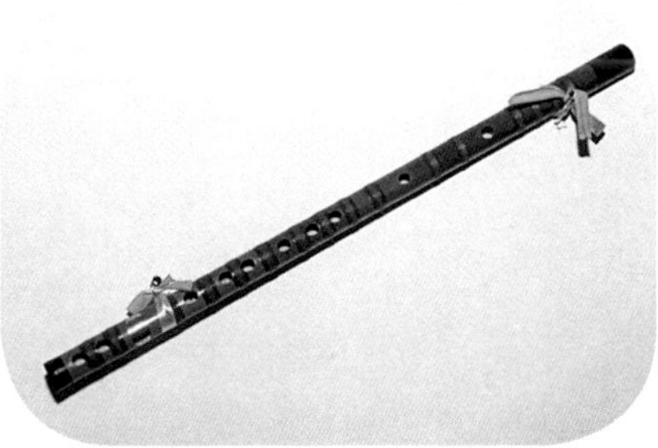
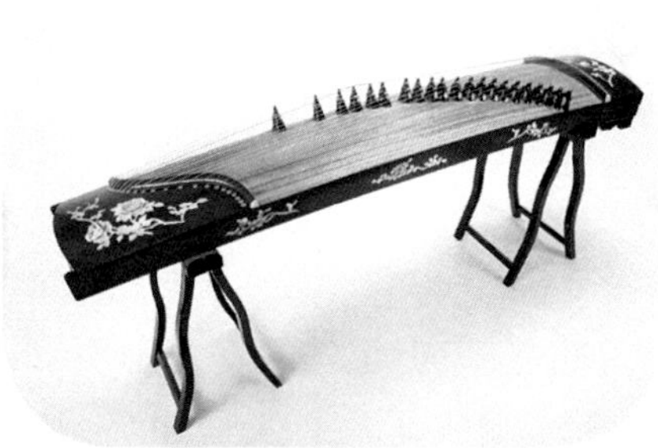
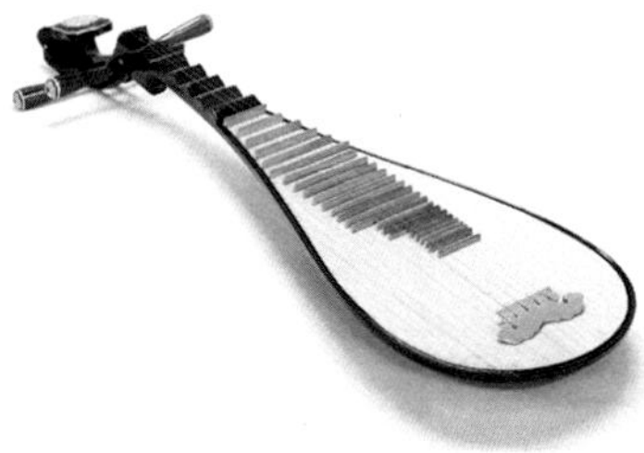

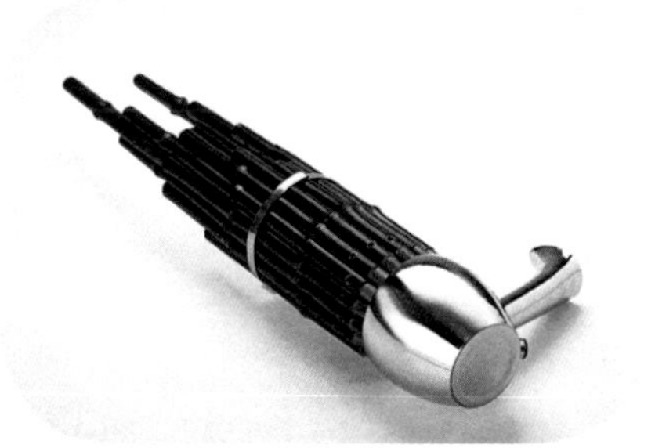
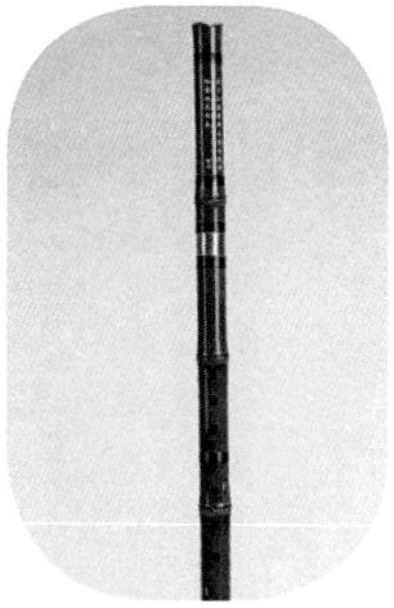

笛子 dízi
bamboo flute

笙 shēng
a reed pipe wind imstrument

鼓 gǔ
drum

古筝 gǔzhēng
Chinese zither

箫 xiāo
a vertical bamboo flute

锣 luó
gong

琵琶 pípa
lute

马头琴 mǎtóuqín
morin khur, horse-headed violin

二胡 èrhú
a two-stringed fiddle

扬琴 yāngqín
Chinese dulcimer

葫芦丝 húlusī
cucurbit flute

唢呐 suǒnà
horn

70 历史大转盘

汉
(206BC–220AD)
三国
(220–280AD)
晋
(265–420AD)
南北朝
(420–589AD)
隋
(581–618AD)
唐
(618–907AD)
五代
(907–960AD)
宋
(960–1279AD)
辽
(907–1125AD)
西夏
(1038–1227AD)
金
(1115–1234AD)
元
(1206–1368AD)
明
(1368–1644AD)
清
(1616–1840AD)
夏
(c.2070BC–c.1600BC)
商
(c.1600BC–c.1046BC)
西周
(c.1046BC–c.771BC)
春秋
(770BC–476BC)
战国
(475BC–221BC)
秦
(221BC–206BC)

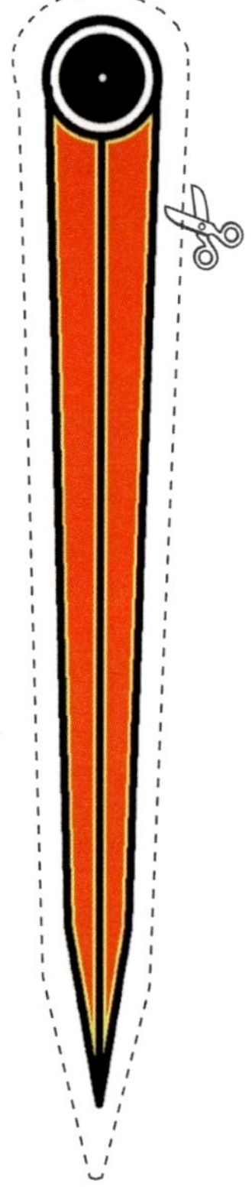

72 四大发明

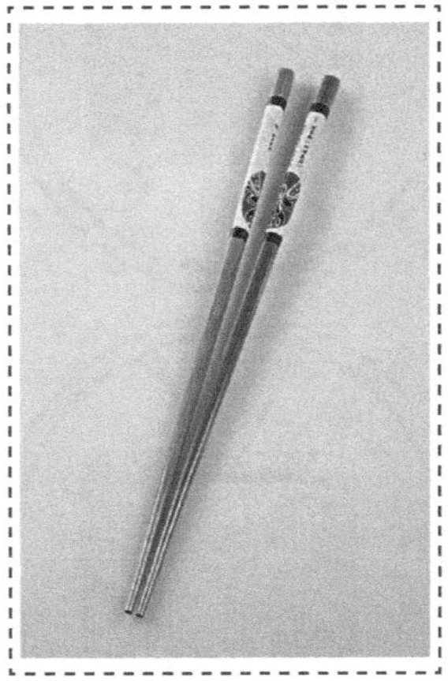

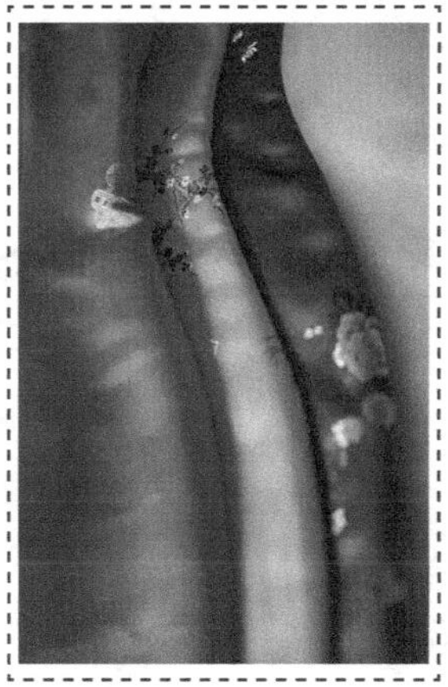
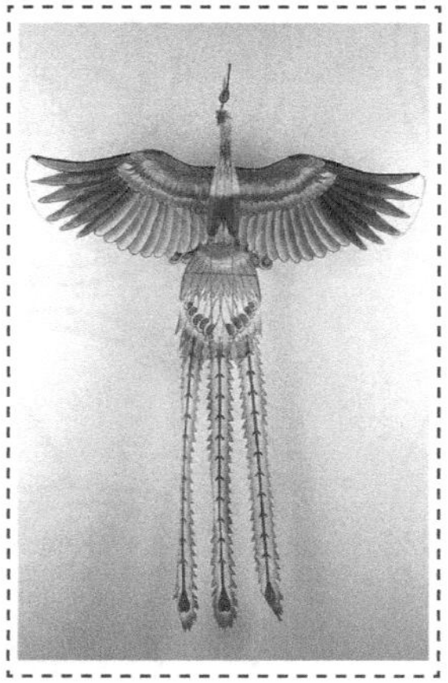
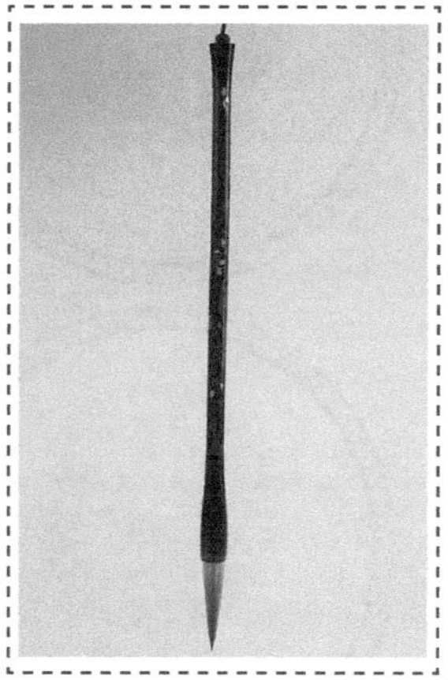

73 媒体代言人

74 算 24

3	6	9	12	=
2	5	8	11	÷
1	4	7	10	×
				−
				+

国土面积最大的国家	使用时间最长的文字	最大的洲	最高的山峰	最大的海洋	最大的热带雨林
人口最多的国家	历史最悠久的国家	最长的河流	最小的洲	最高的高原	四大海洋中面积 最小的海洋

76 环保倡议书

A

C

B

D

76 环保倡议书

调查表

小组成员		
污染名称		
污染形成的原因		
环保倡议书	我们应该……	我们不应该……

79 我的未来选择

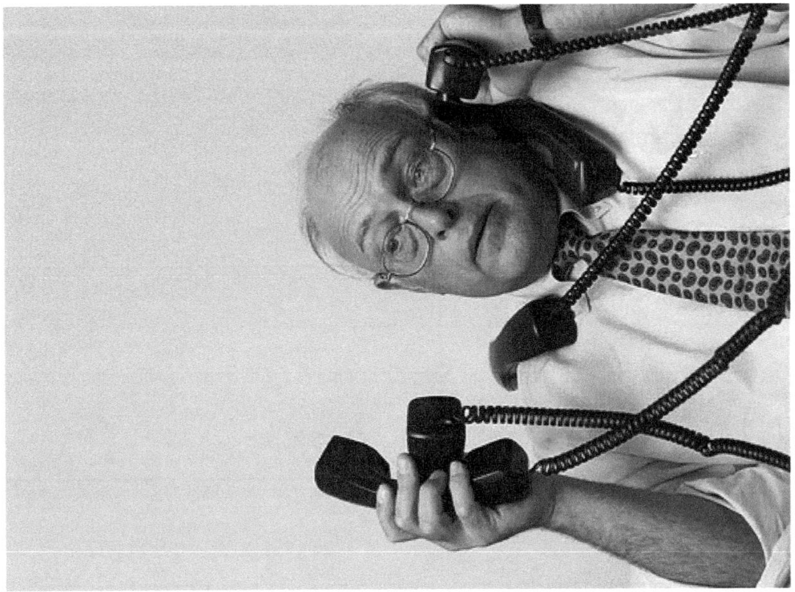

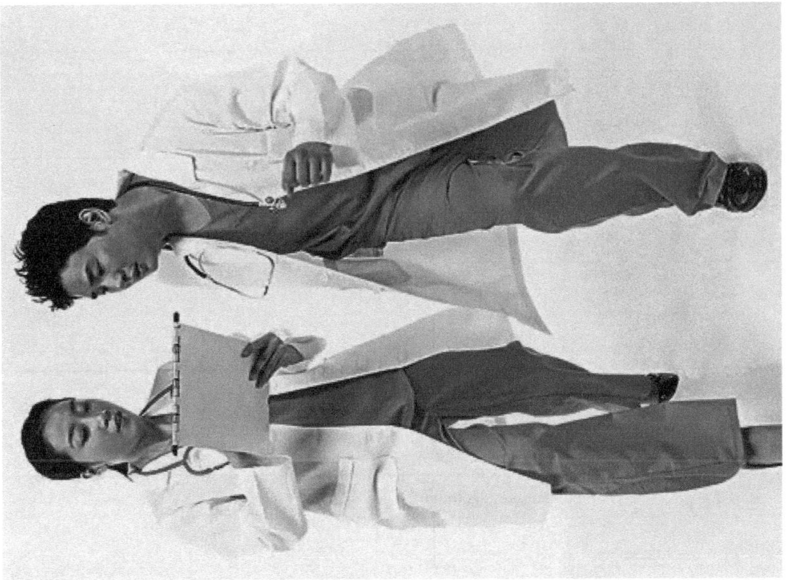

83 留学计划

调查表

1. 学校概况（学校分几个学部？共有几个年级？每个年级有几个班？共有多少学生？）	
2. 本年级开始课程情况。	
3. 学校特色（校训、特色课程、学校活动）	
4. 我们的班级有多少学生？	
5. 哪些课程是必修课？	
6. 哪些是比较有趣的选修课？	
7. 哪些特殊的课程需要事先做好准备？	
8. 课后作业情况	
9. 重要日期（开学、考试……）	

86 动物派对

敏感　踏实　勇敢　优雅　进取　冷静　活泼　稳重　机智　小心　忠诚　宽容

mò lì huā
茉莉花
江苏民歌
hǎo yì duǒ mò lì huā hǎo yì duǒ
好一朵茉莉花，好一朵
mò lì huā mǎn yuán huā cǎo xiāng yě
茉莉花，满园花草香也
xiāng bú guò tā wǒ yǒu xīn cǎi yì duǒ
香不过它。我有心采一朵
dài yòu pà kān huā rén jiāng wǒ mà
戴，又怕看花人将我骂。

四　季

演唱　梁静茹

1

春天的①__________
空气中散发的②__________
像是③__________他的第一天
④__________的洁
开跑车加速往海边
像是他冲浪时的⑤__________

2

你爱上的他
属于哪一个⑥__________
他爱上的你
是否能⑦__________一些
是爱上了他
我只是爱上了季节的⑧__________
爱上四季给的不一样⑨__________

3

⑩__________的雨天
千万棵树落下的叶
像是他⑪__________时流的泪
冬天的⑫__________
⑬__________了又结成了冰
像是他⑭__________的心

______的______季

	优点	缺点
天气		
服装		
食物		
活动		
节日		

10 20 30 40 50 60 70 80 90 100 110 120 130 140 150

15	30	45	60	75	90	105	120	135	150	165	180	195	210	225	240	255	270	285	300	315

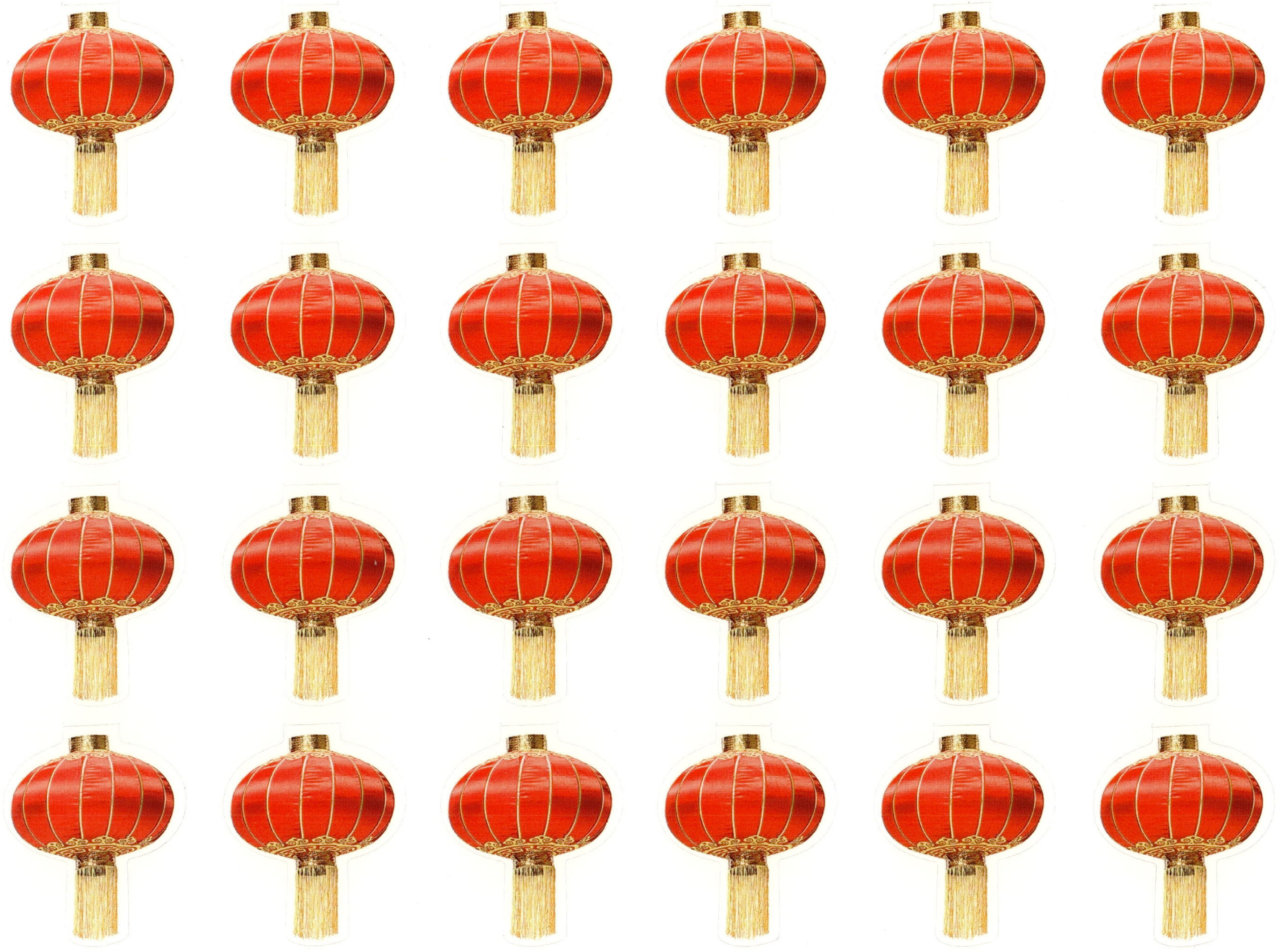

灯笼

拼贴画

剪纸

脸谱

历史大转盘

书签